A C T I V I T É

**PRÉPARATION
AU CERTIFICAT PRATIQUE DE FRANÇAIS COMMERCIAL ET É
DE LA CHAMBRE DE COMMERCE ET D'INDUSTRIE DE PARIS**

*Marie-Odile Sanchez Macagno
Lydie Corado*

faire des affaires en français

**Analyser...
S'entraîner...
Communiquer...**

Français langue étrangère
58, rue Jean-Bleuzen, 92170 VANVES

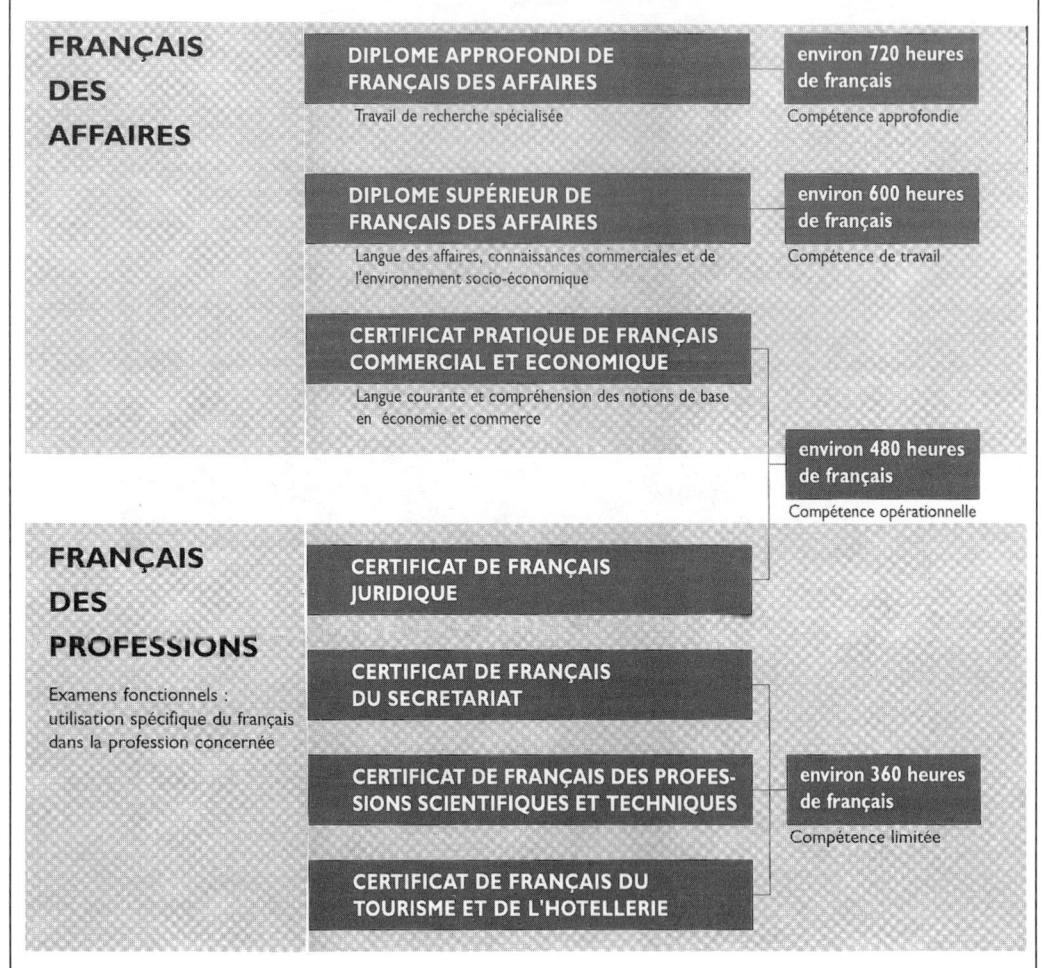

Couverture : Gilles Vérant
Conception et réalisation : Marion Fernagut
Cartographie : Hachette Education
Dessins : Paul Woolfenden

ISSN 1275 - 4129
ISBN 2 01 1550 807
© Hachette Livre 1997, 43 quai de Grenelle, 75905 Paris Cedex 15
Tous droits de traduction, de reproduction et d'adaptation réservés pour tous pays.

Le Code de la propriété intellectuelle n'autorisant, aux termes des articles L. 122.4 et L. 122.5, d'une part, que les «copies ou reproductions strictement réservées à l'usage privé du copiste et non destinées à une utilisation collective», et d'autre part, que «les analyses et les courtes citations» dans un but d'exemple et d'illustration, «toute représentation ou reproduction intégrale ou partielle, faite sans le consentement de l'auter ou de ses ayants droits ou ayants cause, est illicite».
Cette représentation ou reproduction, par quelque procédé que ce soit, sans autorisation de l'éditeur ou du Centre français de l'exploitation du droit de copie (3, rue Hautefeuille 75006 Paris), constituerait donc une contrefaçon sanctionnée par les articles 425 et suivants du Code pénal.

Préface

A l'heure où la notion d'espace économique francophone traduit une réalité, le français apparaît plus que jamais comme la langue de l'économie et des affaires.

La Chambre de Commerce et d'Industrie de Paris est heureuse de parrainer cet ouvrage, d'actualité, publié par Hachette et conçu pour la préparation à ses examens de français des affaires.

Ce recueil d'exercices place l'apprenant en situation professionnelle et lui permet également de se familiariser avec l'environnement socio-économique, dont la connaissance s'avère indispensable dans la vie pratique.

Il a le mérite d'allier souplesse et efficacité. Sa division en 4 parties indépendantes laisse à l'utilisateur le choix des thèmes à traiter. Chaque partie comporte des activités à difficulté progressive. Les situations et les sujets sont particulièrement adaptés à la réalité socio-professionnelle du monde francophone et répondent aux besoins des apprenants dont la créativité est progressivement sollicitée.

Le présent ouvrage est le fruit d'une expérience acquise dans l'enseignement du français des affaires. Son approche pédagogique et sa présentation en font un complément indispensable pour les étudiants et les enseignants.

Guilhène MARATIER-DECLETY
Directeur des Relations Internationales
Adjoint au Directeur de l'Enseignement CCIP

Avant-propos

Faire des affaires en français est un livret d'activités qui s'adresse à des apprenants possédant des bases de français standard, désireux de se familiariser avec la langue utilisée dans un cadre économique et commercial.

Faire des affaires en français est divisé en quatre parties qui permettent de resituer l'entreprise dans le contexte socio-économique actuel :
- **L'entreprise et son environnement,**
- **L'entreprise et son personnel,**
- **L'entreprise et son fonctionnement,**
- **L'entreprise et ses partenaires.**

Faire des affaires en français recouvre les notions de base requises dans un environnement professionnel et qui, d'autre part, sous-tendent l'examen du Certificat Pratique de Françaiscommercial et économique de la Chambre de Commerce et d'Industrie de Paris.

Chacun des quatorze dossiers s'articule autour de cinq rubriques nettement différenciées :
- **J'ANALYSE LE DOCUMENT** : compréhension et analyse de documents authentiques,
- **JE M'ENTRAÎNE À L'ÉCRIT** : activités variées d'expression écrite,
- **JE M'ENTRAÎNE À L'ORAL** : activités dirigées d'expression orale,
- **JE COMMUNIQUE À L'ÉCRIT** : activités progressives de correspondance commerciale recouvrant la plupart des situations que l'on retrouve en milieu professionnel,
- **ACTIVITÉS LEXICALES** : destinées à faciliter l'acquisition du lexique spécifique.

Les multiples activités proposées à partir de documents et de situations – authentiques pour la plupart – ne font appel à aucune connaissance extérieure ; le cas échéant, les notions nécessaires à leur réalisation figurent dans l'encart *À savoir*, qui précède les consignes.

Faire des affaires en français est un ouvrage qui, par sa structure et ses contenus, s'adresse aussi bien à des apprenants en situation d'auto-apprentissage qu'à des étudiants suivant un cours de français des affaires.

Pour une plus grande autonomie d'utilisation, des **annexes** et un **lexique multilingue** (allemand, anglais, espagnol, italien) complètent l'ouvrage.

*Le degré de difficulté de chaque exercice est signalé par des astérisques.

Les auteurs

Sommaire

L'entreprise et son environnement

Dossier 1 — LA FRANCE ET LA FRANCOPHONIE 6
La France géographique - les DOM-TOM - La France administrative -
La Francophonie - Télex - Carte de visite

Dossier 2 — PANORAMA SOCIO-ÉCONOMIQUE FRANÇAIS 18
Je teste mes connaissances - L'immigration - Le chômage

Dossier 3 — ÉCHANGES INTERNATIONAUX 30
Circulation des marchandises - Circulation des travailleurs

L'entreprise et son personnel

Dossier 4 — LE RECRUTEMENT 40
À la recherche d'un emploi - Le recrutement

Dossier 5 — LES SALARIÉS 48
Les contrats de travail - Le travail au quotidien

L'entreprise et son fonctionnement

Dossier 6 — LES DIFFÉRENTS TYPES D'ENTREPRISES 58
La création d'entreprise - Quel statut juridique choisir ? - La franchise

Dossier 7 — LA PRODUCTION 68
Conditions de production - Produit - Qualité - Environnement

Dossier 8 — LE MARKETING - LA PUBLICITÉ 78
Analyse du marché - Objectif : le consommateur

Dossier 9 — LA DISTRIBUTION - LA VENTE 88
Du producteur au consommateur - Techniques de vente - Les documents de vente

Dossier 10 — LES FINANCES DE L'ENTREPRISE 100
Les comptes de l'entreprise - La Bourse - Les impôts

Dossier 11 — LA VIE D'UNE ENTREPRISE 112
L'entreprise : un organisme vivant - L'entreprise en difficulté

L'entreprise et ses partenaires

Dossier 12 — LA BANQUE 122
Un partenaire incontournable - Services bancaires

Dossier 13 — LE TRANSPORT - LES ASSURANCES 130
Logistique - Couverture des risques

Dossier 14 — LES TÉLÉCOMMUNICATIONS 138
Matériel informatique - Internet - Le téléphone et ses services

Annexes

LA COMMUNICATION ÉCRITE 148
AU TÉLÉPHONE ! 151
SIGLES ET ABRÉVIATIONS 152
LEXIQUE MULTILINGUE 153

1 LA FRANCE ET LA FRANCOPHONIE

L'ENTREPRISE ET SON ENVIRONNEMENT

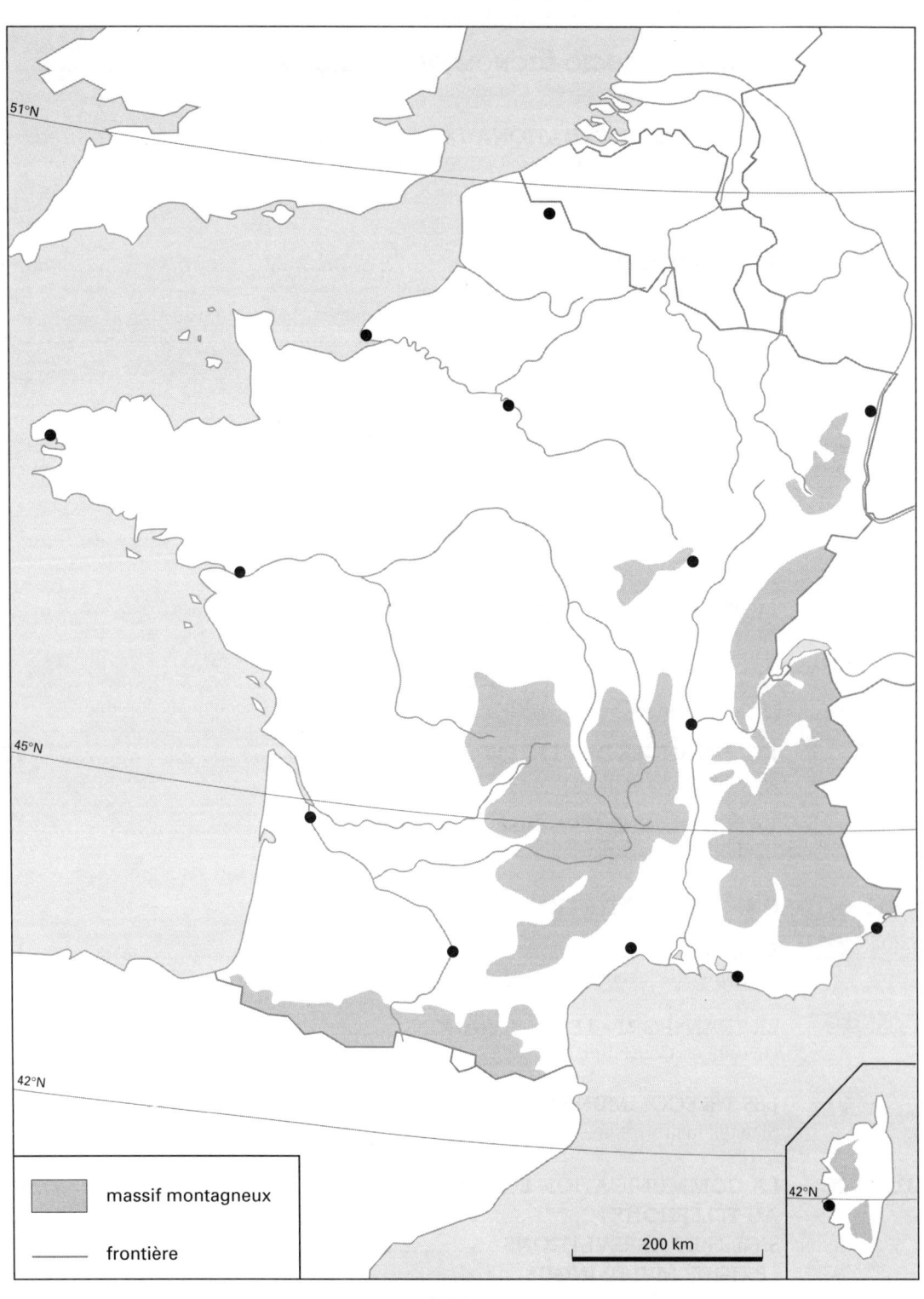

LA FRANCE ET LA FRANCOPHONIE

LA FRANCE GÉOGRAPHIQUE

1 **Complétez la carte de France** en y faisant figurer :
*
- **les fleuves :**
  - la Garonne
  - la Loire
  - le Rhin
  - le Rhône
  - la Seine

- **les montagnes :**
  - les Alpes
  - le Jura
  - le Massif central
  - les Pyrénées
  - les Vosges

- **les villes :** Ajaccio - Bordeaux - Brest - Dijon - Le Havre - Lille - Lyon - Marseille - Montpellier - Nantes - Nice - Paris - Strasbourg - Toulouse

- **les mers / les océans :**
  - l'océan Atlantique
  - la Manche
  - la mer Méditerranée
  - la mer du Nord

- **les pays frontaliers :**
  - l'Allemagne
  - la Belgique
  - l'Espagne
  - l'Italie
  - le Luxembourg
  - la Principauté d'Andorre
  - la Principauté de Monaco
  - la Suisse

LES DOM-TOM

2 - **Nommez trois départements d'outre-mer et donnez leur chef-lieu,** en vous aidant de la
*   carte ci-dessous.
- **Nommez trois territoires d'outre-mer et donnez leur capitale.**

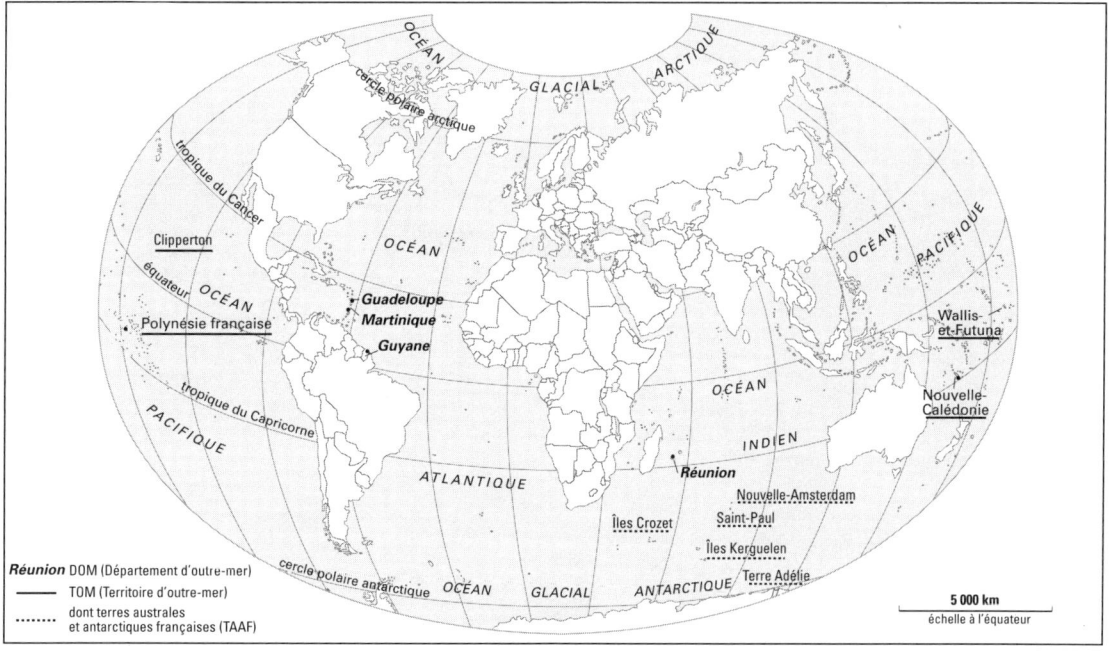

DOSSIER 1

LA FRANCE ADMINISTRATIVE
22 régions, 97 départements, 36 631 communes

3 En vous aidant de la carte page 6, **reportez le numéro** correspondant à chacune des 22 régions
* françaises sur la carte ci-dessous.

1. Alsace
2. Aquitaine
3. Auvergne
4. Bourgogne
5. Bretagne
6. Centre
7. Champagne-Ardenne
8. Corse
9. Franche-Comté
10. Île-de-France
11. Languedoc-Roussillon
12. Limousin
13. Lorraine
14. Midi-Pyrénées
15. Nord-Pas-de-Calais
16. Basse-Normandie
17. Haute-Normandie
18. Pays de la Loire
19. Picardie
20. Poitou-Charentes
21. Provence - Alpes-Côte-d'Azur
22. Rhône-Alpes

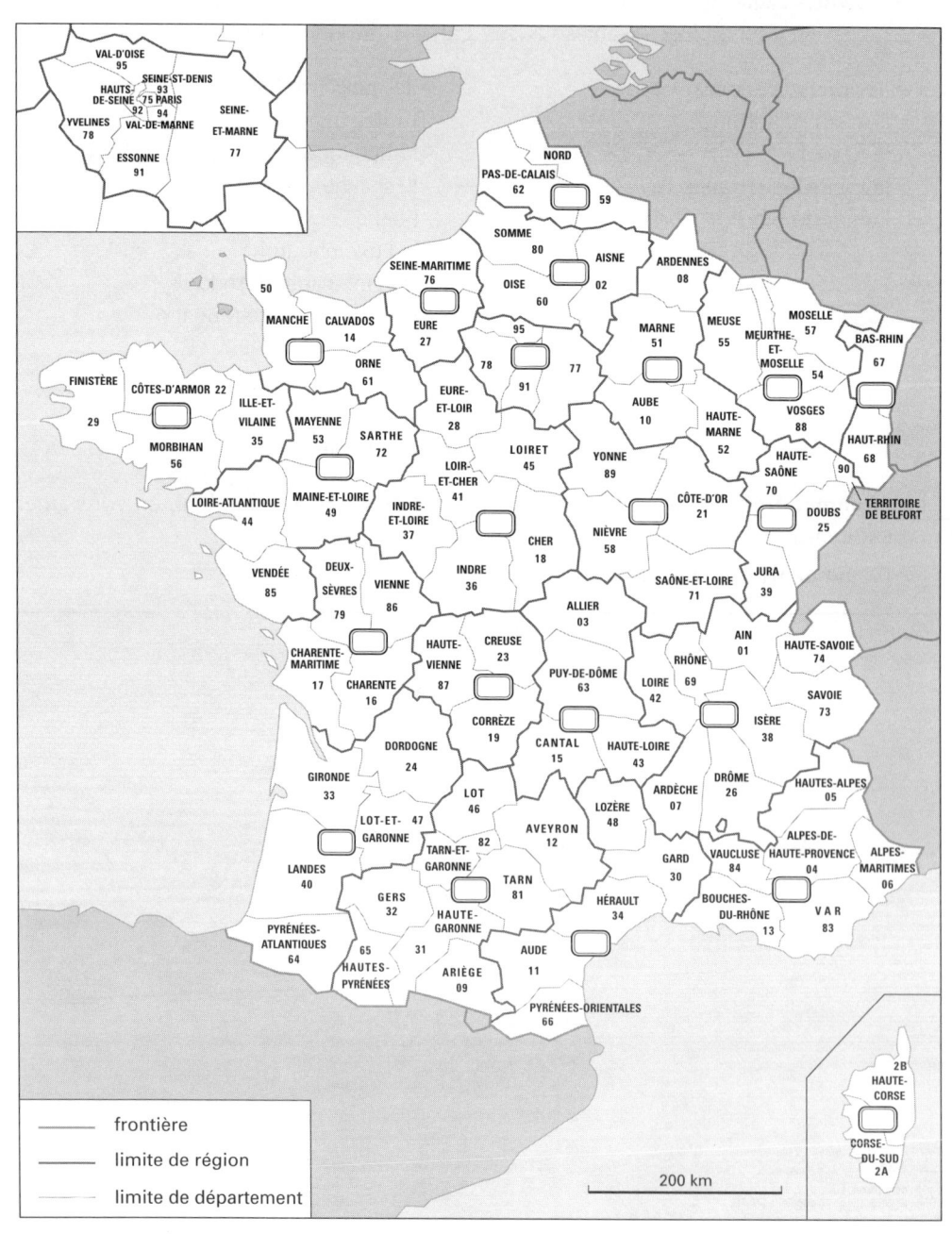

8

LA FRANCE ET LA FRANCOPHONIE

LA FRANCOPHONIE

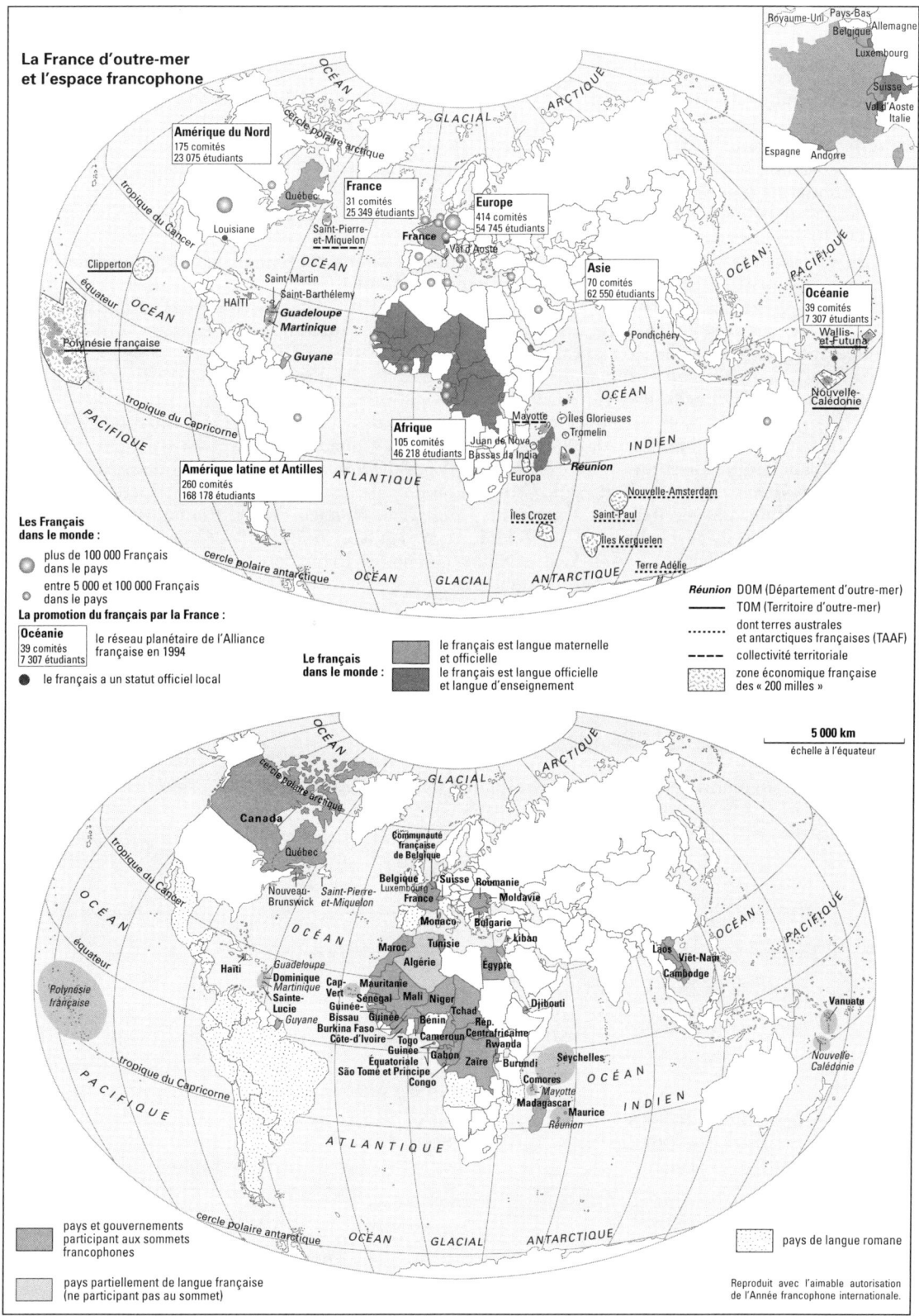

DOSSIER 1

Aperçu sur
l'Agence de coopération culturelle et technique

L'Agence de la Francophonie (ACCT), créée à Niamey en 1970 sous l'appellation d'Agence de coopération culturelle et technique, est l'unique organisation intergouvernementale de la Francophonie et le principal opérateur des Conférences bisannuelles des chefs d'État et de gouvernement des pays ayant le français en partage, aussi appelées Sommets francophones.

L'agence assure le secrétariat de toutes les instances de la Francophonie. Elle déploie son activité multilatérale dans les domaines de l'éducation et de la formation, de la culture et de la communication, de la coopération juridique et judiciaire, de diverses actions au titre de la direction générale du développement et de la solidarité.

Outre son siège, situé à Paris, l'Agence dispose d'une école internationale de la Francophonie à Bordeaux (France) où est située sa direction générale Éducation-Formation, d'un Institut de l'énergie des pays ayant en commun l'usage du français (IÉPF) à Québec (Canada), d'un Bureau de liaison avec l'Union européenne à Bruxelles (Belgique), d'un Bureau permanent d'observation aux Nations Unies à New York (États-Unis), d'un Bureau régional de l'Afrique de l'Ouest à Lomé (Togo), d'un Bureau régional de l'Afrique Centrale à Libreville (Gabon), d'un Bureau régional pour l'Asie - Pacifique à Hanoi (Viêt-nam).

L'ACCT regroupe 46 pays ou gouvernements : Bénin, Bulgarie, Burkina-Faso, Burundi, Cambodge, Cameroun, Canada, Canada-Nouveau Brunswick, Canada-Québec, Centrafrique, Communauté française de Belgique, Comores, Congo, Côte-d'Ivoire, Djibouti, Dominique, Égypte, France, Gabon, Guinée, Guinée-Bissau, Guinée équatoriale, Haïti, Laos, Liban, Luxembourg, Madagascar, Mali, Maroc, Maurice, Mauritanie, Moldavie, Monaco, Niger, Roumanie, Rwanda, Sainte-Lucie, Sénégal, Seychelles, Suisse, Tchad, Togo, Tunisie, Vanuata, Viêt-nam, Zaïre.

[Le Royaume de Belgique, le Cap-Vert et Saint-Thomas-et-Prince portent à 49 le nombre des pays et gouvernements participants aux sommets.]

© ACCT

J'ANALYSE LE DOCUMENT

4 En vous aidant du texte ci-dessus, **complétez le tableau suivant :**

LA FRANCE ET LA FRANCOPHONIE

5 En vous aidant de la carte page 9, **classez les pays ou gouvernements participant au Sommet francophone dans le tableau suivant :**

AFRIQUE	AMÉRIQUE	ASIE	EUROPE	OCÉANIE

6 Donnez la capitale des pays francophones.

LES FRANCOPHONES DANS LE MONDE
Quelques statistiques

	FRANCOPHONES RÉELS		FRANCOPHONES OCCASIONNELS	
	Nombre	%	Nombre	%
AFRIQUE	30 001 000	4,7	40 617 000	6,3
Afrique du Nord-Est	219 000	0,3	1 700 000	2
Maghreb	14 455 000	24,7	17 030 000	29
Afrique Subsaharienne	13 477 000	3,3	19 745 000	4,8
Océan indien	1 850 000	13,2	2 142 000	15,2
AMÉRIQUE	8 682 000	1,2	3 565 000	0,5
Amérique du Nord	7 286 000	2,9	3 200 000	1,3
Amérique centrale, Caraïbes	1 216 000	0,7	365 000	0,2
Amérique du Sud	180 000	0,06		
ASIE	1 627 000	0,05	810 000	0,03
Proche et Moyen-Orient	1 491 000	0,8	800 000	0,4
Extrême-Orient	136 000	0,005	10 000	0,0004
EUROPE	63 952 000	8,1	9 200 000	0,1
Europe de l'Ouest	62 872 000	17,5	5 200 000	1,4
Europe de l'Est et ex-URSS	1 080 000	0,3	4 000 000	0,9
OCÉANIE	350 000	1,3	33 000	0,1
MONDE	104 612 000	2	54 225 000	1

(d'après *Travaux et documents pour la classe*, n° 612)

DOSSIER 1

J'ANALYSE LE DOCUMENT

7. **Écrivez en toutes lettres** le nombre de francophones réels et occasionnels.

- en Afrique ....
- en Europe ....
- en Asie ....
- dans les Amériques ....
- dans l'océan Indien ....
- en Océanie ....

8. À partir du tableau page 11, **indiquez si les affirmations suivantes sont vraies ou fausses :**

	VRAI	FAUX
1. Au Proche et Moyen-Orient, le taux de francophones réels est le double du taux de francophones occasionnels.	☐	☐
2. C'est en Afrique que se trouve le plus grand nombre de francophones réels.	☐	☐
3. Il y a plus de francophones réels en Océanie qu'en Amérique.	☐	☐
4. Le Maghreb est la région où l'on trouve le moins de francophones.	☐	☐
5. En Europe de l'Est et en ex-URSS, il y a trois fois plus de francophones réels qu'occasionnels.	☐	☐
6. La proportion de francophones occasionnels est la même en Amérique du Nord qu'en Océanie.	☐	☐
7. Les francophones occasionnels représentent dans le monde le double des francophones réels.	☐	☐
8. L'Asie présente le taux le plus bas de francophones.	☐	☐
9. L'océan Indien est la deuxième zone où l'on trouve le plus de francophones.	☐	☐
10. Il y a presque autant de francophones réels qu'occasionnels en Extrême-Orient.	☐	☐

LA FRANCE ET LA FRANCOPHONIE

DOC

XIXᵉ conférence France-Afrique à Ouagadougou
Avis d'appel d'offres pour la couverture audiovisuelle

Dans le ...cadre... de la couverture audiovisuelle de la XIXᵉ Conférence France-Afrique qui se tient à Ouagadougou (Burkina Faso), le ministère de la Coopération française prévoit de ...fournir... un appui à la télévision nationale du Burkina et à la radio nationale du Burkina. Le ...programme... comprend des commandes pour la fourniture et la ...location... d'équipements de télévision et de radio, ainsi que pour la mise à disposition de ...personnels... nécessaires à leur exploitation, notamment :
- au centre de presse, personnels et location d'...équipements... : télévision pour nodal, faisceaux hertziens, duplication et montage-mixage cut ; radio pour centre de modulation ;
- sur sites de manifestations, directeur de la photo, ...éclairagistes... et location ensemble éclairage, faisceaux hertziens télévision ;
- ...fournitures... techniques diverses pour radio et télévision.
Les ...entreprises... désirant répondre à l'appel d'offres doivent se manifester et faire ...état... de leur participation à des opérations ...similaires..., de leurs références générales et ...financières... La ...remise... des offres est fixée au 7 juin, à 12 heures. Les ...dossiers... seront à envoyer au représentant, pour cette affaire, de la mission de Coopération et d'Action Culturelle à Ouagadougou : Bureau Yves Houssin, 14, rue de Bassano, 75783 Paris Cedex 16.

Avec l'aimable autorisation du ministère de la Coopération et du bureau Yves Houssin.

J'ANALYSE LE DOCUMENT

9 ** Complétez le texte ci-dessus avec les mots de la liste suivante :

cadre - dossiers - éclairagistes - entreprises - équipements - état - financières - fournir - fournitures - location - personnels - programme - remise - similaires

ACTIVITÉS LEXICALES

10 ** Trouvez le mot correspondant aux définitions suivantes :

colloque - conférence - congrès - séminaire - sommet

1. ...colloque... : réunion de travail de spécialistes pour l'étude de certaines questions.
2. ...congrès... : assemblée de personnalités discutant d'un sujet important.
3. ...séminaire... : débat organisé, avec moins de participants que le congrès, le plus souvent sur des questions de doctrine (scientifique, économique...).

13

DOSSIER 1

4. ...sommet... : réunion de dirigeants.

5. ...conférence... : réunion de personnes désirant échanger leurs idées ou se communiquer leurs études (sur des questions politiques, littéraires, scientifiques...).

11 **Complétez les phrases suivantes** par le mot ou l'expression qui convient :
**

1. Le prochain sommet des chefs d'État francophones devrait .... à Dakar.
se passer - se produire - se représenter - se tenir

2. Toutes les décisions concernant l'.. du territoire sont soumises à de longues concertations.
amélioration - aménagement - emménagement - occupation

3. Les dossiers de documentation sont à .... sur place. Ils ne font en aucun cas l'objet d'un prêt.
consigner - consulter - délibérer - déterminer

4. Les prévisions officielles pour l'indice des prix à la consommation de janvier .... entre 0,4 et 0,7 %.
alternent - oscillent - se fixent - se meuvent

5. Les publications citées dans ce .... ont été éditées ou diffusées par la *Documentation française* entre juin et décembre derniers.
chiffre - matricule - nombre - numéro

6. Le prix des vins de Bourgogne a .... une hausse de 10 % lors de la vente annuelle des Hospices de Beaune.
enregistré - manifesté - montré - traduit

7. Les jeunes agriculteurs réclament des mesures destinées à faciliter la reprise .... agricoles.
de concessions - d'exploitations - de fermes - de plantations

8. Paris et Londres se disputent le premier .... comme ville de congrès internationaux.
plan - poste - rang - rôle

9. La chute des températures laisse prévoir des perturbations de la circulation sur l'ensemble du .... routier et autoroutier.
circuit - rallye - réseau - secteur

10. L'économie .... représente une partie de l'activité économique difficilement quantifiable.
au noir - en cachette - souterraine - submergée

JE COMMUNIQUE À L'ÉCRIT

TÉLEX

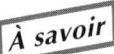

Le télex est un service direct, entre abonnés, de dactylographie à distance, par l'intermédiaire d'un télétype ou téléscripteur. Ce service, assuré par la poste, associe la sécurité de la lettre à la rapidité du téléphone.

Le message transmis se réduit à l'essentiel : il est possible de supprimer les prépositions, les articles... à condition que le message reste clair et sans équivoque. En général, il n'y a pas de formule de politesse en début de message, et le terme Salutations sert le plus souvent de conclusion.

Actuellement, la télécopie (ou fax) remplace de plus en plus le télex. Cependant, le télex a une valeur juridique que n'a pas la télécopie.

ENVOI D'UN TÉLEX

Vous souhaitez envoyer un télex. Voici les éléments que vous devez fournir sur un formulaire :

	Date : 22/11/... **Heure** : 11.05
Emetteur : Maison Delcaude **Service** : Vente **Responsable** : M. Pierre	**Destinataire** : Grand Hôtel du Fleuve **Adresse** : 12, av. Léopold-Sédar-Senghor DAKAR (Sénégal)
Texte : Veuillez nous confirmer le plus rapidement possible la commande passée par téléphone, hier après-midi, concernant 10 lots de 500 savonnettes parfumées. Merci. Salutations.	
Réservé au service télex	**Indicatif du destinataire** : GRANHOF 936718 S Date : 22/11 Heure : 11.15

Voici le télex que recevra le destinataire :

```
GRANHOF 936718 S ─────────────> indicatif et n° de télex du destinataire
326 11.15 ────────────────────> jour de l'année et heure
DELCAUD 235122 F ─────────────> indicatif et n° de télex de l'émetteur

PRIÈRE CONFIRMER RAPIDEMENT COMMANDE 21/11
POUR 10 LOTS 500 SAVONNETTES PARFUMÉES ──> texte
MERCI. SALUTATIONS. ─────────────────────> formule de politesse

M. PIERRE ───────────────────────────────> nom de l'émetteur

GRANHOF 936718 S  ⎫
                  ⎬──> rappel des indicatifs et des
DELCAUD  235122 F ⎭      n° de télex des correspondants
```

DOSSIER 1

12 Vous êtes responsable du service export des laboratoires Phyto-nature ; votre directeur, M. Lebon, vous demande d'envoyer un télex à l'hôtel Fête des Amériques à Pointe-à-Pitre (Guadeloupe), afin de réserver deux chambres individuelles avec salle de bains du 5 au 8 juin compris.
Rédigez le télex.

Date : 12 mars
Heure : 14 h 50
Codes télex : Laboratoires : LAPHYNA 248219 F
              Hôtel :   FETAMER 437610 F

13 La réceptionniste de l'hôtel Fête des Amériques répond à Phyto-nature que l'hôtel est complet à cette époque-là, et elle leur suggère de s'adresser à l'hôtel des Antilles, également à Pointe-à-Pitre (télex : HOTANTI 926519 F).
Rédigez le télex.

CARTE DE VISITE

À savoir

La carte de visite professionnelle comporte, généralement, le nom, le prénom et la fonction de la personne et les coordonnées de l'entreprise. Le texte, s'il y en a un, est toujours écrit à la 3e personne et n'est jamais signé. La mention RSVP, utilisée quelquefois, signifie : **R**épondez **S**'il **V**ous **P**laît.

De retour en France, M. Lebon envoie sa carte de visite à chacun des participants à la réunion de présentation des laboratoires Phyto-nature qu'il a animée lors de son séjour en Guadeloupe.

LABORATOIRES PHYTO-NATURE
48, rue Duguay-Trouin - F 42000 SAINT-MALO

Jean-Louis LEBON
Responsable Export

vous remercie d'avoir assisté à la réunion de présentation des produits Phyto-nature et espère avoir le plaisir de vous compter bientôt parmi ses clients.

Tél. : 02 77 34 92 18 - Télécopie : 02 77 34 93 10

LA FRANCE ET LA FRANCOPHONIE

14 ⁂ Sur ce modèle, **créez la carte de visite** que Stéphanie Bégué, responsable des achats pour le Jouet-Club de la région Rhône-Alpes (13, boulevard de la Libération - 69002 LYON - Tél. : 04 72 38 16 14 - Télécopie : 04 72 38 49 20) adresse à l'un de ses fournisseurs pour le remercier de l'excellent accueil qu'il lui a réservé, lors de la visite des ateliers de fabrication.

15 ⁂ **Même exercice.**
Le docteur Jeannette Paillarguello, professeur à l'université de Montpellier III, demande à un collègue de l'université de Montréal de lui faire parvenir la liste des dernières parutions canadiennes en français de spécialité. (J. Paillarguello, Faculté des Lettres, Université Paul Valéry, Route de Mende, B.P. 5043, 34032 MONTPELLIER. Tél. : 04 67 54 61 00 - Fax : 04 67 51 61 05).

JE M'ENTRAÎNE À L'ORAL

16 * En raison du décalage horaire, Mme Anaïs Taffon, qui est partie en voyage de prospection en Nouvelle-Calédonie, **laisse un message à sa secrétaire sur le répondeur** : elle lui annonce qu'elle rentrera deux jours après la date prévue et lui demande de lui faire parvenir par fax (n° (809) 221-345218) le compte rendu de la réunion du comité d'entreprise à laquelle elle n'a pas pu participer.

17 * Anaïs Taffon appelle son mari pour lui dire qu'elle arrivera le mercredi au lieu du lundi à l'aéroport de Roissy à 20h55 par le vol Air France 646, en provenance de Nouméa. Mais son mari a un dîner d'affaires important et lui demande de prendre un taxi.
Jouez la conversation.

2 PANORAMA SOCIO-ÉCONOMIQUE FRANÇAIS

JE TESTE MES CONNAISSANCES

1. Quelle est la devise de la République française ?

a Liberté, Solidarité, Égalité   **b** Liberté, Solidarité, Fraternité   **c** Liberté, Egalité, Fraternité

2. Comment s'appelai(en)t / s'appelle(nt) :

a le président de la République : ....

b le Premier ministre : ....

c le premier président de la Vᵉ République :
☐ Valéry Giscard d'Estaing   ☐ Charles de Gaulle   ☐ François Mitterrand

d la femme qui symbolise la République :
☐ Ariane   ☐ Roxane   ☐ Marianne

e la figure géométrique qui symbolise la France :
☐ le polygone   ☐ l'hexagone   ☐ l'octogone

f le découvreur du virus du sida : ....

g l'un des «pères» de l'Europe : ....

h les inventeurs du cinématographe : ....

3. La division de la France en départements date de :

a Napoléon   **b** la Première guerre mondiale   **c** la IVᵉ République

4. Indiquez la périodicité des revues et des journaux suivants.

	Quotidien	Hebdomadaire	Mensuel
a. *Le Monde*			
b. *Le Point*			
c. *Libération*			
d. *Capital*			
e. *Le Figaro*			
f. *Paris-Match*			
g. *Les Echos*			
h. *L'Express*			
i. *Le Dauphiné Libéré*			
j. *Le Canard Enchaîné*			

PANORAMA SOCIO-ÉCONOMIQUE FRANÇAIS

5. Citez :

a quatre entreprises françaises :

de services : ....

industrielles : ....

de l'industrie vestimentaire : ....

b quatre noms de fromages français : ....

....

c quatre spécialités gastronomiques françaises : ....

....

6. Indiquez pour chaque entreprise son secteur d'activité.

	SECTEURS		
	primaire	secondaire	tertiaire
a. Air France			
b. P. Legros, ostréiculteur			
c. Danone			
d. Décathlon			
e. Assurances générales de France			
f. Elf Aquitaine			
g. SNCF			
h. Bouygues (BTP)			
i. Société Générale de Banque			

À savoir

Secteur primaire : agriculture, pêche, sylviculture, exploitations minières...

Secteur secondaire : industrie, agro-alimentaire, bâtiment, travaux publics...

Secteur tertiaire : activités de service : administration, commerce, banque, assurances, santé...

7. Indiquez lequel de ces trois diagrammes correspond à la répartition de la population active française :

	a	**b**	**c**
PRIMAIRE	34 %	5 %	15 %
SECONDAIRE	30 %	30 %	40 %
TERTIAIRE	26 %	65 %	45 %

8. Cochez la bonne réponse.

1 La France compte :

[a] moins de 55 millions   [b] entre 55 et 60 millions   [c] plus de 60 millions d'habitants

2 Elle comprend environ :

[a] 4 millions   [b] 4,5 millions   [c] 5 millions d'immigrés

3 La monnaie nationale est actuellement :

[a] l'euro   [b] le centime   [c] le franc

DOSSIER 2

4 Outre la France, les cinq pays qui formaient la CEE en 1956 étaient :
[a] l'Allemagne   [b] la Belgique   [c] l'Espagne   [d] la Grèce
[e] l'Italie   [f] le Luxembourg   [g] les Pays-Bas   [h] le Royaume-Uni

5 Un chômeur fait partie de la population :
[a] active   [b] inactive

6 Le marché est le lieu où se rencontrent :
[a] les producteurs   [b] les consommateurs
[c] ceux qui offrent et ceux qui demandent un même produit

7 Un salarié est :
[a] un actif travaillant pour un employeur   [b] un actif travaillant à son compte

8 Une action est :
[a] un titre de propriété   [b] un emprunt   [c] un titre de crédit

9 Lorsqu'une entreprise emprunte à une banque, elle devient son :
[a] créancier   [b] créditeur   [c] débiteur

10 Le pouvoir d'achat d'un salarié correspond à :
[a] la somme qui lui reste, déduction faite des impôts et des cotisations sociales
[b] la quantité de biens et de services qu'il peut acquérir avec son salaire

11 Les femmes représentent aujourd'hui :
[a] 35 %   [b] 45 %   [c] 50 % de la population active

12 Une PME est une entreprise dont le nombre de salariés est inférieur à :
[a] 50   [b] 100   [c] 500

13 Le SMIC (Salaire Minimum Interprofessionnel de Croissance brut pour 39 heures hebdomadaires) est d'environ :
[a] 5 500 Francs   [b] 6 000 Francs   [c] 7 000 Francs

14 Le siège de la Chambre de Commerce Internationale se trouve à :
[a] Londres   [b] Paris   [c] New York

SOLUTIONS DU TEST

1. Devise : c
2. a) Jacques Chirac (depuis 1995) - b) Alain Juppé (depuis 1995) - c) Charles de Gaulle - d) Marianne - e) l'hexagone - f) Luc Montagnier - g) Jean Monnet - h) les frères Auguste et Louis Lumière
3. a
4. Quotidien : a - c - e - g - i ; Hebdomadaire : b - f - h - j ; Mensuel : d
5. a) BNP - SERNAM - SNCF - France Télécom - Société Générale de Banque - AGF/AXA - Air France
b) Rhône-Poulenc - Michelin - Saint-Gobain - Peugeot - Sanofi - Péchiney Ugine Kuhlman - Elf Aquitaine - Renault...
c) Damart - Christian Dior - Pierre Cardin - Chanel - Nat Nat - Bally...
d) le camembert - le roquefort - le saint-marcellin - le brie - le cantal - l'emmenthal - le gruyère...
e) le cassoulet - la bouillabaisse - la fondue - la quiche lorraine - le foie-gras - les crêpes - la choucroute - le gratin dauphinois...
6. secteur primaire : b ; secteur secondaire : c - f - h ; secteur tertiaire : a - d - e - g - i
7. b
8. 1-b   2-a   3-c   4-a,b,e,f,g   5-a   6-c   7-a   8-a   9-c   10-b   11-b   12-a   13-b   14-a

POUR CALCULER VOTRE SCORE :
- questions 1, 2, 3, 5, 8, 9 : un point par bonne réponse, soit 29 points
- questions 4 : 0,5 point par bonne réponse, soit 5 points.
- question 6 : 0,5 point par bonne réponse, soit 4,5 points
- question 7 : 1,5 point

TOTAL : 40 points

PANORAMA SOCIO-ÉCONOMIQUE FRANÇAIS

COMMENTAIRE DU TEST

- **Si vous avez entre 0 et 10 points** : la France est pour vous une terre à découvrir ; vite, à vos encyclopédies ! Ou... pour vos prochaines vacances, destination l'Hexagone !

- **Si vous avez entre 11 et 25 points** : vos connaissances, discrètes mais sûres, ne demandent qu'à être complétées. Persévérez !

- **Si vous avez entre 26 et 35 points** : rien ne vous échappe ! Seuls quelques détails demandent à être précisés. Continuez !

- **Si vous avez entre 36 et 40 points** : bravo ! La France n'a pas de secret pour vous... ou si peu ! Félicitations ! Si vos connaissances linguistiques sont aussi bonnes que vos connaissances culturelles, l'examen de la Chambre de Commerce et d'Industrie de Paris ne sera qu'une formalité dont vous vous acquitterez avec succès ! Encore bravo !

L'IMMIGRATION

LE DROIT À LA DIFFÉRENCE

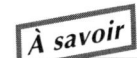

> De tout temps, la France a été une terre d'accueil pour de nombreux réfugiés, ainsi que pour des immigrés à la recherche d'un emploi. Après les deux guerres mondiales, la France a en effet fait appel à la main d'œuvre étrangère ; aujourd'hui, en raison de la récession, le pays accuse un net recul de l'emploi qui provoque un changement de situation. Les immigrés se sentent marginalisés ; le chômage touche une partie importante de la population active, quelles que soient ses origines. Le travail ne remplit plus systématiquement le rôle intégrateur qu'il avait joué jusqu'à présent.

J'ANALYSE LE DOCUMENT

1. **Retrouvez les pays et la région française** dont les spécialités gastronomiques figurent sur la banderole.

2. **Recherchez les ingrédients** de base de ces plats.

3. En vous référant aux spécialités étrangères, **pouvez-vous situer dans le temps** les vagues d'immigration auxquelles on peut les associer ?

4. **Dans quel genre de manifestation** peut être arborée cette banderole ?

5. **Que signifie** « même combat » ?

(d'après *Sciences Économiques et Sociales*, classe de première, éd. Hachette. D.R.)

DOSSIER 2

L'ACQUISITION DE LA NATIONALITÉ FRANÇAISE

DEVENIR FRANÇAIS

La loi... Il existe deux façons d'acquérir une nationalité : par le droit du sang ou par le droit du sol. Dans le premier cas, un enfant a automatiquement la nationalité de ses parents. C'est le cas en Allemagne. Dans le second cas, l'enfant a la nationalité du pays où il est né. C'est ce qui se pratique aux États-Unis. En France, jusqu'en 1993, on combinait les deux systèmes : par le droit du sang, un enfant dont l'un des parents au moins est français possédait la nationalité française dès la naissance. Par le droit du sol, un enfant dont les parents sont étrangers mais qui est né en France devenait automatiquement français à 18 ans. C'est cette seconde règle qui a été changée par une loi votée en juillet 1993, sur le Code de la nationalité. Désormais, les jeunes nés et vivant en France, mais dont les parents sont tous deux étrangers, doivent, entre 16 et 21 ans, accomplir une démarche volontaire auprès de l'administration, pour obtenir cette nationalité. Les majeurs ayant été condamnés à une peine de prison de plus de six mois se verront refuser la nationalité française.

Le débat... Pour les partisans de la loi, être français implique que l'on adhère à certaines valeurs républicaines, démocratiques et laïques.
Il est donc normal d'exprimer clairement sa volonté. C'est aussi un moyen d'aider les enfants d'étrangers à s'intégrer en les rendant conscients des droits et des devoirs que cela implique. Ceux qui sont hostiles à la loi pensent que cette démarche obligatoire va au contraire à l'encontre de l'intégration et s'inscrit surtout dans une démarche globale hostile aux immigrés.

(d'après *Phosphore*, Bayard Presse, n° 170, avril 1995)

J'ANALYSE LE DOCUMENT

2 ** Après avoir lu le texte, **indiquez si les affirmations suivantes sont vraies ou fausses** :

	VRAI	FAUX
1. La loi de juillet 1993 facilite l'acquisition de la nationalité française.	☐	☐
2. Le droit du sol est plus favorable aux immigrés que le droit du sang.	☐	☐
3. Il est plus facile d'acquérir la nationalité américaine que la nationalité allemande.	☐	☐
4. La nationalité allemande s'acquiert par la loi du sol.	☐	☐
5. Un enfant né aux États-Unis de parents étrangers a la nationalité américaine.	☐	☐
6. Avant juillet 1993, un enfant né en France de parents étrangers devenait automatiquement français à 18 ans.	☐	☐
7. La nouvelle loi a modifié la modalité d'acquisition de la nationalité française pour l'enfant dont l'un des parents est français.	☐	☐
8. Un enfant dont l'un des parents est français sera privé de la nationalité française s'il est condamné à plus de 6 mois de prison.	☐	☐
9. Un enfant né en France de parents étrangers peut demander la nationalité française à n'importe quel âge.	☐	☐
10. Depuis juillet 1993, il est possible de trouver en France des enfants de nationalités différentes au sein d'une même famille.	☐	☐

PANORAMA SOCIO-ÉCONOMIQUE FRANÇAIS

JE M'ENTRAÎNE À L'ORAL

3 La modification des modalités d'acquisition de la nationalité française a fait l'objet de nombreux débats.
***
En vous aidant du texte de la page précédente, **jouez une discussion** entre un partisan et un détracteur de la nouvelle loi.

LE CHÔMAGE

DOC

	Population active	Chômeurs	Taux de chômage	Pop. active employée
Hommes	13 899 000	1 460 000	.... %	....
Femmes	11 238 000	1 638 000	.... %	....
Ensemble	25 137 000	3 098 000	.... %	....

(d'après INSEE mars 96, *Enquête-emploi*)

J'ANALYSE LE DOCUMENT

4 La France, comme bon nombre de pays industrialisés, connaît un problème de chômage, difficile à résoudre à court terme.
**

1. Calculez le taux de chômage des hommes, des femmes, et de l'ensemble de la population. **Inscrivez-le dans le tableau.**

$$\text{Taux de chômage} = \frac{\text{nombre de chômeurs}}{\text{population active}} \times 100$$

2. Calculez la population active employée pour les hommes, les femmes et l'ensemble de la population. **Inscrivez les résultats dans le tableau.**

PAE = population active – chômeurs

5 **Présentez les raisons** susceptibles d'expliquer pourquoi les femmes sont les plus touchées
* par le chômage.

JE M'ENTRAÎNE À L'ÉCRIT

6 **Écrivez en toutes lettres** les chiffres figurant dans ce tableau.
**

DOSSIER 2

CHÔMAGE ET RÉGIONS

J'ANALYSE LE DOCUMENT

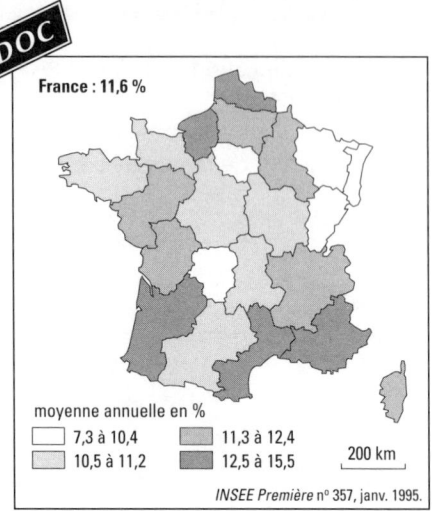

 7 En vous appuyant sur la carte ci-contre, **classez les différentes régions françaises** par taux de chômage (des moins touchées aux plus fortement touchées).

1) de 7,3 à 10,4 % ....
....
2) de 10,5 à 11,2 % ....
....
3) de 11,3 à 12,4 % ....
....
4) de 12,5 à 15,5 % ....
....

 8 **Commentez cette carte** du chômage en France en essayant de supposer ou de trouver les raisons qui expliquent les disparités régionales.

CHÔMAGE ET DIPLÔMES

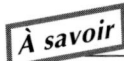

> **QUELQUES DÉFINITIONS :**
> - *CAP :* **c**ertificat d'**a**ptitude **p**rofessionnelle, délivré à la fin de deux ou trois années de formation.
> - *BEP :* **b**revet d'**é**tudes **p**rofessionnelles, formation courte en deux ans après la troisième (dernière année de collège, vers 15 ans).
> - *Baccalauréat (BAC) :* diplôme sanctionnant la fin du 2ᵉ cycle des études secondaires, vers 18 ans.
> - *BTS :* **b**revet de **t**echnicien **s**upérieur, deux années d'études générales et techniques après le baccalauréat.
> - *DUT :* **d**iplôme **u**niversitaire de **t**echnologie, formation en deux ans après le baccalauréat, dispensée dans les IUT (**i**nstituts **u**niversitaires de **t**echnologie).
> - *DEUG :* **d**iplôme d'**é**tudes **u**niversitaires **g**énérales (bac + 2).
> - *Licence :* diplôme universitaire spécialisé délivré au bout de trois ans d'études.
> - *Maîtrise :* diplôme sanctionnant un travail de recherche un an après la licence.

PANORAMA SOCIO-ÉCONOMIQUE FRANÇAIS

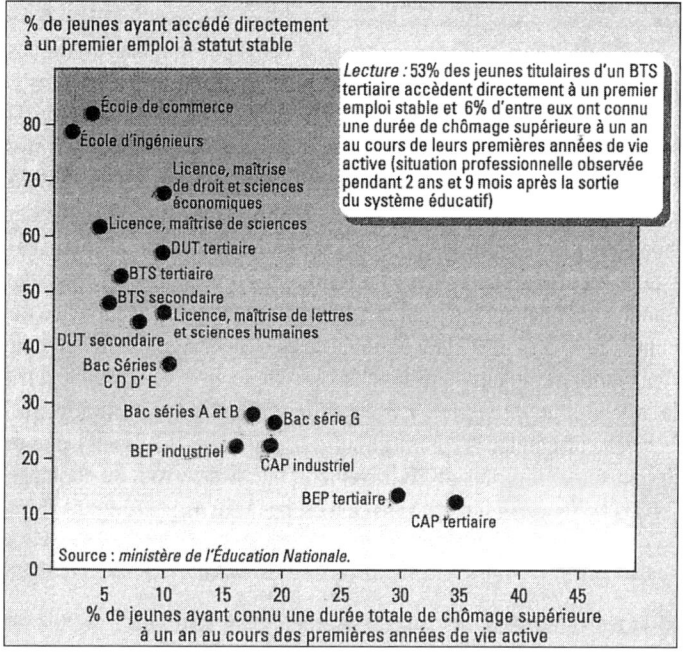

(d'après *Sciences économiques et sociales*, classe de seconde, éd. Hachette)

J'ANALYSE LE DOCUMENT

9 Après avoir analysé la courbe des statistiques dans le tableau ci-dessus, **indiquez si les affirmations suivantes sont vraies ou fausses :**

	VRAI	FAUX
1. Les jeunes titulaires d'un CAP tertiaire sont les plus touchés par le chômage.	☐	☐
2. Il est plus facile pour des licenciés en droit ou en sciences économiques d'accéder à un premier emploi stable que pour des licenciés en sciences.	☐	☐
3. Les licenciés en sciences restent au chômage plus longtemps que les licenciés en droit ou en sciences économiques.	☐	☐
4. Il est préférable d'être titulaire d'un CAP industriel que d'un BEP industriel.	☐	☐
5. Plus de la moitié des jeunes possédant un BTS tertiaire arrive à trouver un premier emploi stable.	☐	☐
6. Il est aussi intéressant d'avoir un bac série G qu'un CAP industriel.	☐	☐
7. Ce sont les diplômés des écoles d'ingénieurs qui trouvent le plus rapidement un emploi à la fin de leurs études.	☐	☐
8. Plus des trois quart des ingénieurs diplômés accèdent directement à un premier emploi stable.	☐	☐
9. Plus du quart des jeunes ayant un BEP tertiaire sont au chômage depuis plus d'un an.	☐	☐
10. La meilleure garantie pour trouver un premier emploi stable et ne pas connaître un chômage de longue durée est d'être diplômé d'une école de commerce.	☐	☐

DOSSIER 2

ACTIVITÉS LEXICALES

10 **Complétez les phrases suivantes** par le mot ou l'expression qui convient :

1. Tous les trimestres, la *Note de Conjoncture* présente une analyse approfondie de la situation et des .... de l'économie française.

éventualités - expectatives - perspectives - prospectives

2. Le désengagement de l'État de certaines grandes entreprises publiques fait actuellement l'objet de .... avec les syndicats.

conciliabules - conciliations - négociations - privatisations

3. L'étude que vient de publier la Banque de France confirme .... de la situation financière des grandes entreprises industrielles.

l'agrandissement - l'assainissement - la diminution - la salubrité

4. Le plan social adopté permettra à une centaine de salariés âgés de plus de 55 ans de quitter l'entreprise et de .... 65 % de leur salaire.

percevoir - rembourser - retrouver - verser

5. Le gouvernement a appris à ses dépens qu'il était risqué de remettre en cause certains acquis sociaux sans .... préalable.

comparaison - concentration - concertation - confrontation

6. La .... du marché immobilier est restée morose tout au long du premier semestre, selon la Fédération nationale des agents immobiliers.

conjecture - conjonction - conjoncture - conjugaison

7. Tous les mardis, ce quotidien .... le panorama de l'actualité économique de la semaine écoulée.

constitue - dresse - fait - souligne

8. Les dernières grèves ont montré la capacité des syndicats à mobiliser leurs ....

associés - miliciens - militaires - militants

9. Les loyers des logements sociaux sont .... pour les personnes dont les ressources sont limitées.

abaissés - plafonnés - relevés - taxés

10. Les .... sociaux se concertent afin de définir le cadre des prochaines négociations salariales.

arbitres - délégués - partenaires - représentants

PANORAMA SOCIO-ÉCONOMIQUE FRANÇAIS

JE M'ENTRAÎNE À L'ÉCRIT

> **À savoir**
>
> Malgré le développement des règlements par carte bancaire depuis la fin des années 80, le chèque demeure encore le moyen de paiement préféré des Français (cf. dossier 12).

11 **Aidez M. Martinez :**
**
M. Martinez a été envoyé en France, à Grasse, pour un an, par son entreprise «Floresencia SA». Il a, par commodité, ouvert un compte au Crédit Mutuel, à partir duquel il va régler ses dépenses courantes.

Il souhaite s'abonner au mensuel économique *Défis*. Comme il n'est pas encore très sûr de son orthographe, **il vous demande :**
1. de l'aider à remplir le formulaire d'abonnement pour un an

TITRE D'ABONNEMENT PRIVILÉGIÉ

À compléter, à détacher et à retourner dès aujourd'hui accompagné de votre règlement sous enveloppe affranchie : à DEFIS, BP 1119, 86061 POITIERS cedex 9

Oui, je désire recevoir DEFIS pendant
☐ **1 An,** soit 11 numéros dont un double
+ 1 hors-série, le tout au prix exceptionnel de 230 F, au lieu de 330 F (prix de vente au numéro)
+ mon cadeau DEFIS : le logiciel de calculs financiers

Oui, je désire recevoir DEFIS pendant
☐ **2 Ans,** soit 22 numéros dont 2 doubles
+ 2 hors-série, le tout au prix exceptionnel de 340 F, au lieu de 660 F (prix de vente au numéro)
+ mes cadeaux DEFIS : le logiciel de calculs financiers + la brochure "Bien choisir son statut juridique"

Je règle ma commande par :
☐ Chèque bancaire ou postal ☐ Mandat-lettre à l'ordre de DEFIS
☐ Carte bleue _____ expire fin _____

Signature obligatoire _____
Nom _____ Prénom _____
Société _____
Adresse _____
Code postal _____ Ville _____

☐ Je désire recevoir une facture acquittée. (les frais d'abonnement peuvent être pris en charge par votre entreprise)

GARANTIE SANS RISQUE
Si vous décidez de résilier votre abonnement, nous vous rembourserons sur simple courrier les numéros restant à servir.

Offre valable en France métropolitaine uniquement. Pour les DOM-TOM et l'étranger, les envois se font uniquement par avion, 310 F pour 1 an. Paiement par chèque ou par mandat poste n° 1406 pour les DOM et n° 1405 MP1 pour les TOM. Paiement exclusivement par mandat poste n° 1405 MP1 pour l'étranger. Pour la Belgique : abonnement 1 an (11 numéros) : 1695 FB + 150 FB port, soit 1845 FB. Adressez votre commande et votre règlement aux : Éditions SOUMILLION, 28 avenue Massenet - B - 1190 BRUXELLES, Belgique. Tél. : 02. 345 97 92. SGB compte n° 210 0405835 39.

11 NUMÉROS
dont 1 numéro double
+ 1 hors-série
+
1 logiciel de
calculs financiers

DOSSIER 2

2. de lui remplir le chèque avec lequel il va régler cet abonnement.

N'oubliez pas de remplir le talon pour qu'il puisse pointer son relevé bancaire à la fin du mois ! (Vous pouvez vous aider des indications figurant à l'intérieur de son chéquier.)

QUELQUES RÉFLEXES POUR VOTRE SÉCURITÉ

Attention aux chèques sans provision
(loi du 30 décembre 1991)

Ne faites pas de chèque sans provision, vous risqueriez d'être interdit de chéquier **pendant 10 jours** et, en plus, de devoir payer une **amende** pouvant atteindre 240 francs par tranche de 1 000 francs. Si, par mégarde, vous avez oublié de vérifier l'approvisionnement de votre compte et s'il s'agit du premier incident depuis 12 mois, vous disposez de 30 jours **pour régulariser** cet incident.
Attention, vous ne pouvez vous opposer au paiement d'un chèque qu'en cas de vol, perte ou liquidation judiciaire du bénéficiaire. En cas d'**opposition abusive**, vous risquez une peine de prison et une forte amende.

1 Ne tentez pas les voleurs
Ne laissez jamais votre chéquier ou votre carte bancaire dans votre voiture.

2 Réduisez les risques de falsification
• Ne laissez aucun blanc ni avant, ni après l'inscription de la somme en chiffres et en lettres. Barrez l'espace libre en fin de ligne.
• Inscrivez le montant en chiffres sans aucune autre indication (F, Fr, Francs...).
• Ne signez jamais par avance des chèques vierges et évitez de laisser en blanc le nom du bénéficiaire.

• Faites le pointage de vos chèques avec votre relevé de compte, dès réception de celui-ci.

3 En cas de perte ou de vol
Avertissez immédiatement le Crédit Mutuel par téléphone et confirmez votre opposition par écrit.

4 En cas de vol
Faites également **une déclaration au Commissariat de Police** et remettez-en le récépissé à votre guichet du Crédit Mutuel.

Attention, en cas de contestation tardive (plus de 15 jours), votre réclamation ne pourrait être prise en compte.

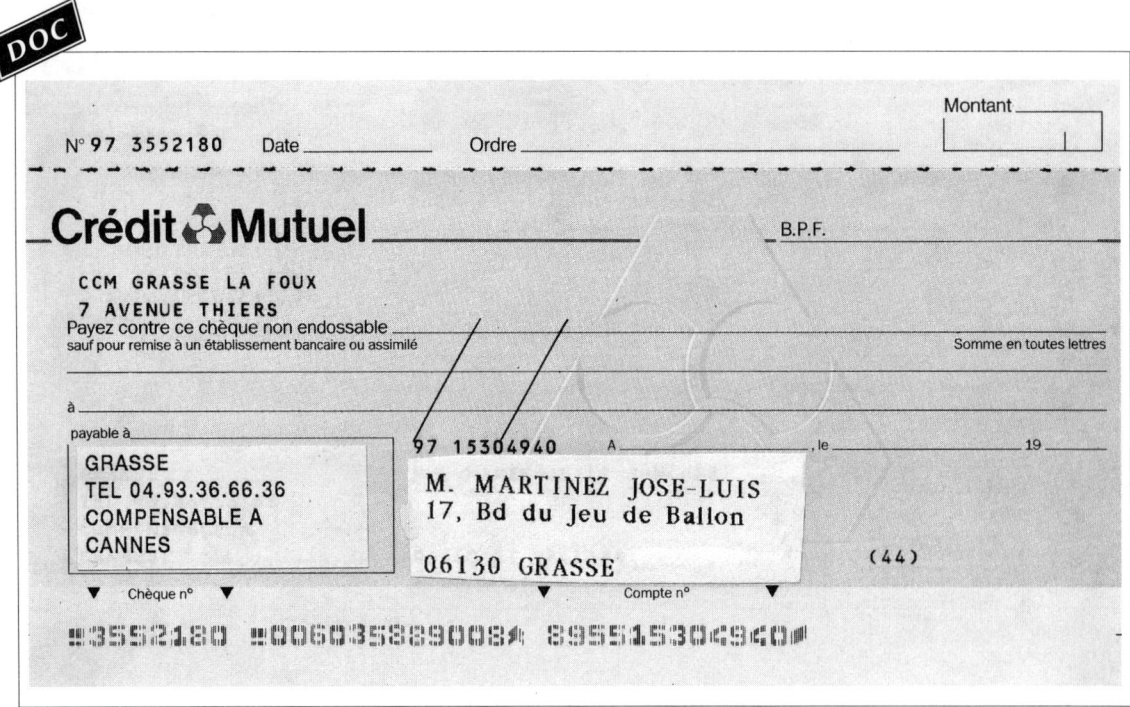

PANORAMA SOCIO-ÉCONOMIQUE FRANÇAIS

JE COMMUNIQUE À L'ÉCRIT

DEMANDE DE RENSEIGNEMENTS

> Virginie FERRÉ
> Boîte postale 255
> ABIDJAN
> CÔTE D'IVOIRE
>
> Monsieur le Sous-Préfet
> Sous-Préfecture
> 28, rue Emile Zola
> 57311 THIONVILLE Cedex
>
> Abidjan, le 15 mai ...
>
> Monsieur,
>
> Je travaille depuis cinq ans à Abidjan où j'ai fait l'acquisition d'une Renault CLIO actuellement immatriculée en Côte d'Ivoire.
>
> Mon contrat de travail arrivant à terme au 31 août, je rentrerai à Thionville le 1er septembre prochain et je souhaiterais ramener ma voiture.
>
> Je vous serais reconnaissante de bien vouloir m'indiquer les formalités à remplir afin de pouvoir immatriculer mon véhicule dans votre département où j'ai mon domicile.
>
> Dans l'attente d'une réponse rapide, je vous prie d'agréer, Monsieur, l'expression de mes salutations distinguées.

12 **Complétez :**

1. Nom du destinataire : ....
2. Nom de l'expéditeur : ....
3. Objet de la lettre : ....
4. Raison de la demande : ....
5. Disposition de la lettre : où figurent :
   – les coordonnées du destinataire ? ....
        de l'expéditeur ? ....
   – la date ? ....
   – la signature ? ....

3 ÉCHANGES INTERNATIONAUX
Allez, circulez… !

CIRCULATION DES MARCHANDISES

Comment acheter à l'étranger

Quelques points de repère et principes de base à l'usage de l'apprenti importateur.

L'administration des finances considère comme importation toute marchandise introduite sur le territoire français ayant pour destination :
– la transformation en vue de l'obtention d'un nouveau produit ;
– l'incorporation ou l'ajout à d'autres produits avant leur commercialisation ;
– l'exportation ou la réexpédition en l'état ;
– la revente en l'état où elle a été introduite sur le territoire douanier.
Cette destination relève du régime général de la mise à la consommation (MAC), qui régit les règles du dédouanement.

Dédouanement et procédures
Toute importation doit donner obligatoirement lieu à l'établissement de certaines formalités auprès d'un bureau d'entrée des marchandises, appelé bureau douanier.
Ces actes peuvent être accomplis soit par l'importateur, soit par un déclarant en douane agréé, un commissionnaire ou un transitaire.
Les bureaux douaniers sont implantés aux frontières, dans les ports et aéroports, mais aussi un peu partout à l'intérieur du territoire dans un souci de proximité des sièges administratifs des entreprises. Ces bureaux peuvent être de plein exercice : leur compétence couvre toutes les marchandises et tous les régimes douaniers, ou de compétence limitée au tourisme international et au cabotage national, ou spécialisés sur certaines marchandises, comme les objets d'art, les pierres précieuses, les fourrures et les peaux, les automobiles et la faune vivante.
L'opération de dédouanement consiste à assigner un régime douanier à un produit importé par une déclaration sur formulaire et par l'acquittement éventuel d'une taxe.
Depuis le 1er janvier 1988, un formulaire, appelé document administratif unique (le DAU), est rempli par les importateurs européens pour les produits extracommunautaires. La procédure normale de dédouanement donne lieu au dépôt du DAU dont il faudra compléter les feuillets 6, 7 et 8 à l'aide des codes informatisés utilisés par les bureaux douaniers ; c'est le système Sofi. La procédure simplifiée permet de disposer des marchandises sans attendre la fin des formalités, par un dédouanement à domicile autorisé par voie de convention passée entre l'entreprise et son service douanier. Enfin, il existe une procédure accélérée, ou procédure d'urgence, qui peut être sollicitée si les circonstances le justifient. Au DAU, il faut joindre dans tous les cas la facture commerciale et les titres de transport et, selon les cas, le certificat d'origine, la liste de colisage, le certificat de circulation, la licence d'importation, le certificat sanitaire ou phytosanitaire.

M.D.J.

(d'après *Défis*, n° 129, juin 1995)

ÉCHANGES INTERNATIONAUX

J'ANALYSE LE DOCUMENT

1 En vous aidant du texte ci-contre, **définissez les mots suivants :**
**
– importation – importateur
– bureau douanier – opération de dédouanement

2 **Complétez les tableaux suivants :**
*

MARCHANDISES IMPORTÉES
Destination

FORMALITÉS
Les acteurs

LOCALISATION DES BUREAUX DOUANIERS

BUREAUX DOUANIERS
Types

DÉDOUANEMENT
Produits extracommunautaires

| Procédure 1 | Procédure 2 | Procédure 3 | Documents |

31

DOSSIER 3

À savoir

Un acheteur étranger dispose de différents moyens de paiement pour régler les marchandises qu'il importe : virement SWIFT, mandat poste international, lettre de change, remise documentaire, etc. Néanmoins, le moyen le plus fréquemment utilisé dans les opérations de commerce international est le **crédit documentaire**. Il s'agit d'un engagement écrit, pris par la banque de l'importateur de commerce, de payer ou d'accepter un effet sur présentation de certains documents. Cet engagement est remis à l'exportateur par une autre banque (banque de l'exportateur) conformément aux instructions fixées par l'acheteur étranger. Ce moyen de paiement présente des garanties certaines pour le vendeur.*

Schéma d'une opération de crédit documentaire

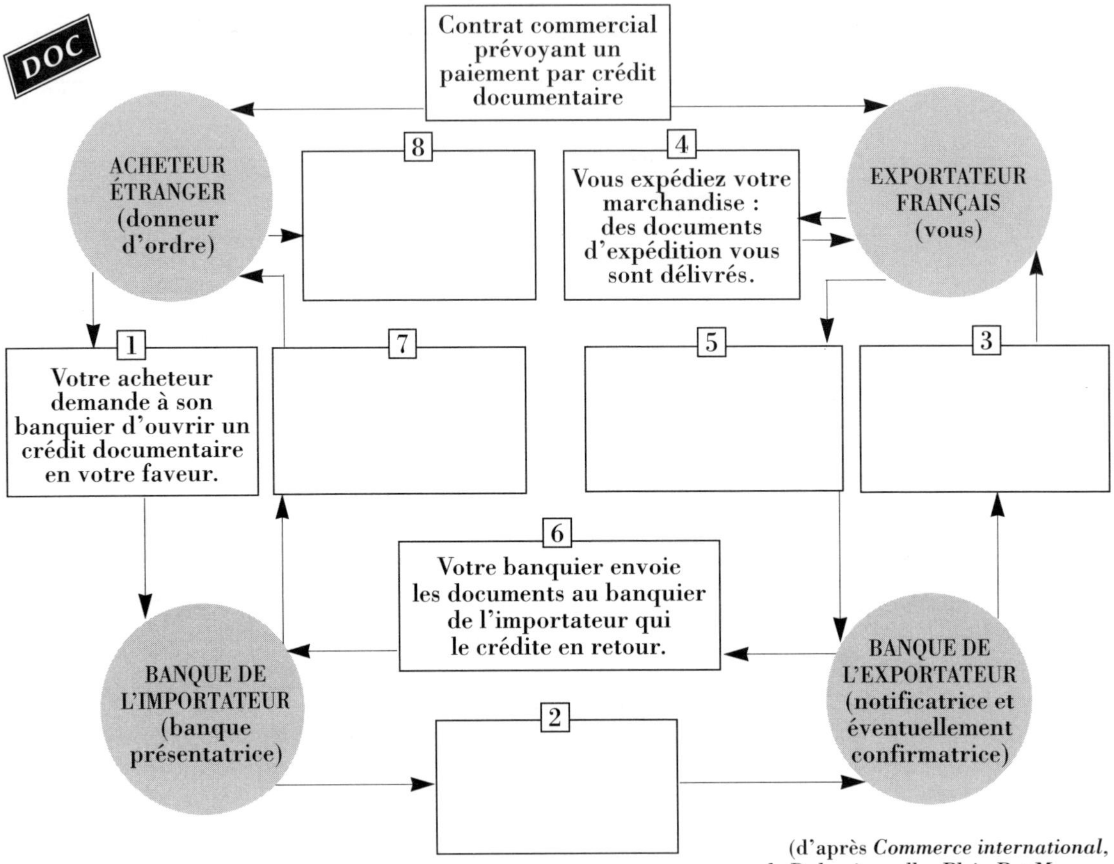

(d'après *Commerce international*, de Dubouin, coll. «Plein Pot Memo», ed. Foucher)

J'ANALYSE LE DOCUMENT

3) Retrouvez les différentes étapes de cette opération en complétant le schéma ci-dessus (les numéros correspondent à l'ordre chronologique des opérations).

A - Votre acheteur, en possession des documents, peut prendre livraison des marchandises.
B - Le banquier de l'importateur remet les documents à votre acheteur qui le rembourse.
C - Votre banquier vous notifie l'ouverture d'un crédit en y ajoutant éventuellement sa confirmation.
D - La banque de l'importateur ouvre un crédit documentaire chez votre banquier en votre faveur.
E - Vous remettez les documents à votre banquier qui les vérifie et vous paie.

---

* VIREMENT SWIFT : (Society for Worldwide Interbank Financial Telecommunications) basé sur un réseau de télécommunications privées géré par ordinateur ; le prix de la transmission est inférieur à celui d'un télex et il n'y a pratiquement aucun risque d'erreur.

ÉCHANGES INTERNATIONAUX

CIRCULATION DES TRAVAILLEURS

Travailler dans l'Union européenne

Si vous êtes membre de l'Union européenne et que vous souhaitez partir travailler en Allemagne, en Belgique ou en Espagne, rien ne s'y oppose. En effet, tout ressortissant d'un État membre a le droit de travailler sur le territoire d'un autre État membre. Les conditions de travail sont sensiblement les mêmes d'un pays à l'autre.

L'Union européenne ...... signifie .... l'abolition des frontières .... la libre circulation des travailleurs. Un principe qui vous autorise à postuler pour un emploi dans tous les pays de l'Union, ... d'être indemnisé par l'organisme équivalant à celui de l'Assedic* en France pendant trois mois maximum.

...... vous êtes ressortissant d'un État membre, vous avez bien entendu les mêmes droits que les travailleurs nationaux. ......, vous bénéficiez des mêmes avantages sociaux et fiscaux, de l'enseignement des écoles professionnelles et des centres de rééducation ou de réadaptation, des mêmes droits syndicaux et de tous les avantages en matière de logement.

Aucun visa d'entrée n'est exigé, ... pour vous ...... pour les membres de votre famille. Vous pouvez demeurer dans un pays de l'Union européenne pendant trois mois pour y chercher un emploi. Passé ce délai, si vous trouvez un emploi, une carte de séjour valable cinq ans et renouvelable vous est délivrée. En cas de perte d'emploi, la carte ne peut être retirée du seul fait que vous n'occupiez plus d'emploi. ......, lors du premier renouvellement, ... après cinq ans, la durée de validité de la carte de séjour peut être limitée à un an au minimum, ... vous vous trouvez en chômage involontaire depuis plus de douze mois consécutifs.

...... vous exercez une profession libérale (médecin, architecte, avocat, etc.), vous pouvez ...... vous établir librement dans n'importe quel autre pays de l'Union européenne. Vous devez simplement vous soumettre aux conditions du pays d'accueil et disposer au moins d'un diplôme bac + 3.

Égalité pour l'accès à l'emploi

Ce droit à la libre circulation concerne également les travailleurs indépendants qui bénéficient, au même titre que les industriels, les transporteurs et les professions libérales, d'une reconnaissance automatique de l'expérience professionnelle. ...... vous êtes artisan ou commerçant, vous devez ...... prouver que vous avez exercé votre métier dans un autre pays membre pendant un certain nombre d'années.

Une fois en poste, rassurez-vous, vous bénéficiez des mêmes droits en matière de protection sociale. Vous disposez également dans l'entreprise d'un outil de représentation et de défense comme le comité d'entreprise.

...... la libre circulation et les directives de l'Union européenne favorisent, en théorie, toute liberté de travailler ailleurs. ...., des obstacles se dressent encore : la langue, les us et surtout le chômage qui fait qu'à peu près partout les places sont chères.

(d'après *Le Magazine de l'emploi*, n° 11)

J'ANALYSE LE DOCUMENT

4 **Complétez l'article ci-dessus** à l'aide des articulateurs suivants :
***
ainsi - cependant - c'est-à-dire - finalement - lorsque - mais aussi -
ne... pas seulement... mais aussi - ni... ni - si - si..., cependant - si..., également - toutefois

ASSEDIC : ASSociation pour l'Emploi Dans l'Industrie et le Commerce. L'Assedic verse des allocations d'assurance-chômage, de solidarité, de formation, de conversion, de préretraite.

DOSSIER 3

5 **Répondez aux questions suivantes** après avoir lu le texte page 33 :
**
1. Quel est le principe de base de la libre circulation des travailleurs dans l'Union européenne ?
2. À quels avantages peuvent-ils prétendre ?
3. Y a-t-il des formalités à remplir pour partir à l'étranger ? Si oui, lesquelles ?
4. De combien de temps dispose un travailleur pour trouver un emploi à l'étranger ?
5. De quel document a-t-il besoin pour s'installer et travailler ?
6. Quelles sont les caractéristiques de ce document ?
7. Sous quelles conditions un membre d'une profession libérale peut-il s'installer à l'étranger ?
8. Dans le cas des artisans ou des commerçants, à quelle condition est soumise leur installation ?
9. Les travailleurs étrangers ont-ils un statut particulier au sein de l'entreprise ?
10. Quelles sont les principales entraves à la liberté de circulation des travailleurs ?

ACTIVITÉS LEXICALES

6 **Complétez les phrases suivantes** avec le mot ou l'expression qui convient :
**
1. La chute du prix des matières premières était .... ; elle n'en pose pas moins de graves problèmes à certains pays en voie de développement.
préventive - prévenue - prévisible - prévisionnelle

2. L'extension du TGV vers les pays du sud de l'UE laisse prévoir une reprise du marché du matériel ....
ferré - ferroviaire - minéral - minéralisé

3. Les trois plus grandes entreprises européennes du BTP se livrent une concurrence sans merci pour .... des marchés en Asie.
accrocher - attraper - décrocher - raccrocher

4. Le .... des Affaires étrangères a été confié à un ancien diplomate.
cartable - fauteuil - portefeuille - siège

5. L'objectif de la réunion est d'envisager toutes les .... juridiques, fiscales et comptables de la nouvelle loi de finance.
compétences - implications - objections - performances

6. Implanté dans soixante pays, ce groupe apporte plus de 15 milliards de francs à la .... commerciale française.
balance - comptabilité - portée - table

7. Le marché mondial souffre de déséquilibres .... qui menacent l'avenir des entreprises.
fiduciaires - monétaires - paritaires - pécuniaires

8. La .... des marchés extérieurs est très difficile pour les PME qui doivent s'adresser à des organismes spécialisés.
perspective - prospection - prospective - prospérité

9. La pression de la concurrence nous a obligés à revoir la .... de nos prix à l'exportation.
différence - fourchette - modulation - variation

10. Pour certains de nos clients étrangers, le .... des délais de livraison compte autant que le prix ou la qualité des produits.
contrat - répit - respect - suspect

ÉCHANGES INTERNATIONAUX

7 **Trouvez les mots** qui correspondent aux définitions suivantes :
**
admission temporaire - balance commerciale - contingent - douane - facture consulaire - facture pro forma - franchise - licence d'importation - transit - zone franche

1. .... : dispense de payer certains droits ou taxes.

2. .... : faculté d'importer en franchise de douane des marchandises destinées à la réexportation.

3. .... : autorisation spéciale pour l'importation de marchandises soumises à une législation particulière.

4. .... : facture établie par le vendeur pour que l'acheteur connaisse le montant de sa commande.

5. .... : administration chargée de percevoir certains droits sur les marchandises à l'entrée ou à la sortie d'un pays.

6. .... : facture d'expédition visée au départ par le consul du pays destinataire.

7. .... : quantité de marchandises autorisée à l'importation.

8. .... : territoire où les marchandises peuvent être importées, transportées et réexportées sans subir de droits de douane.

9. .... : bilan des importations et des exportations d'un pays.

10. .... : dérogation au paiement des droits de douane accordée aux marchandises qui ne font que traverser un territoire.

JE M'ENTRAÎNE À L'ÉCRIT

8 **Écrivez une phrase** à l'aide des mots suivants :
*
1. balance - commerce extérieur - équilibre - important
....

2. compétitivité - contribuer - informatique - entreprises
....

3. amende - objets de valeur - douane - déclarer
....

4. marché - résultats - Asie - encourageants
....

5. échanges - monnaie - favoriser - unique
....

JE COMMUNIQUE À L'ÉCRIT

RÉPONSE À UNE DEMANDE DE RENSEIGNEMENTS

9 Choisissez le terme qui convient.

* Madame Teillet, propriétaire de Confexa à Clermont-Ferrand, écrit à la Chambre de Commerce et d'Industrie Française de Barcelone pour obtenir la liste des entreprises textiles de la région susceptibles de fournir son atelier de confection en tissus de coton et laine imprimés. La Chambre de Commerce répond à sa demande :

CHAMBRE DE COMMERCE ET D'INDUSTRIE FRANÇAISE DE BARCELONE

BARCELONA 1883

CONFEXA
15, rue des Chaussetiers
63000 CLERMONT-FERRAND

N/R : P.S/S.M/256
V/R :
(Objet / Sujet) : réponse demande d'informations

Barcelone, le …

(Monsieur, / Madame,)

Nous *(annonçons / accusons)* réception de votre lettre du 12 *(courant / actuel)* et nous vous *(remerciez / remercions)* de *(votre / sa)* confiance.

La Chambre de Commerce et d'Industrie Française de Barcelone dispose en *(fait / effet)* de listes d'entreprises du *(domaine / secteur)* textile susceptibles de *(répondre / contester)* à vos besoins.

Nos *(listes / feuilles)* sont mises à jour trimestriellement. *(Autre / Outre)* les coordonnées *(précises / précieuses)* des entreprises, elles fournissent des *(indicateurs / indications)* sur les produits fabriqués et le *(nom / prénom)* de la personne à *(contacter / contracter)*.

L'annuaire des entreprises du *(domaine / secteur)* textile installées en Catalogne *(comprend / compose)* près de 300 *(adresses / directions)* ; il est *(disponible / disposé)* au prix de 19 750 Pts, franco de *(transport / port)*.

Pour *(la / le)* recevoir, il vous suffit de *(nous / vous)* *(diriger / adresser)* un mandat de poste *(national / international)*.

Dans l'attente de votre *(pétition / commande)*, nous vous prions d'agréer, *(Madame / Monsieur)*, l'expression de nos sentiments distingués.

P. SEMMONAY
Directeur

ÉCHANGES INTERNATIONAUX

COMMANDE

10 Madame Teillet adresse un nouveau courrier à la Chambre de Commerce et d'Industrie Française de Barcelone afin de commander l'annuaire des entreprises qui lui a été proposé.

À vous de remettre dans l'ordre les différents paragraphes du corps de la lettre.

CONFEXA
15, rue des Chaussetiers - 63000 CLERMONT-FERRAND
Tél. : 04 73 34 92 11 Télécopie : 04 73 22 81 72

Monsieur SEMMONAY
Chambre de Commerce
Française de Barcelone
Passeig de Gràcia n° 2
08007 BARCELONE

Clermont-Ferrand, le ....

Monsieur,

A - Je suis intéressée par votre annuaire des entreprises textiles implantées en Catalogne.

B - D'autre part, j'aimerais savoir quels services m'offre la Chambre de Commerce dans le cas où je trouverais un fournisseur dans votre région.

C - Je vous ai donc envoyé ce jour un mandat international d'un montant de 19 750 Pts.

D - Je vous remercie de la rapidité avec laquelle vous avez répondu à mon courrier.

En vous souhaitant bonne réception du mandat, je vous prie d'accepter, Monsieur, l'expression de mes salutations distinguées.

D. TEILLET

S.A.R.L. au capital de 50 000 F RCS Clermont-Ferrand C 623452376 - CCP Clermont 6 953 42 P

DOSSIER 3

JE M'ENTRAÎNE À L'ÉCRIT

REMPLIR UN MANDAT INTERNATIONAL

11 Madame Teillet décide de commander l'annuaire que lui propose la Chambre de Commerce
*   et d'Industrie française de Barcelone.

Pour cela, elle vous demande de **remplir le mandat de poste international ci-dessous.**

(DOC)

COUPON (Peut être détaché par le bénéficiaire)	ADMINISTRATION DES POSTES DE FRANCE	MANDAT DE POSTE INTERNATIONAL — MP 1
Montant en monnaie étrangère (en chiffres)	Montant en monnaie étrangère (en chiffres)	Cours du change ¹ / Somme payée ¹
Date d'émission	(En toutes lettres)	S'il y a lieu application des timbres-poste ou indication de la taxe perçue
Nom et adresse de l'expéditeur	Nom du bénéficiaire / Rue et n° / Lieu de destination / Pays de destination	¹ A porter par l'Administration de paiement lorsqu'elle opère la conversion.
Timbre du bureau d'émission	Timbre du bureau d'émission	Indications du bureau d'émission / Somme versée / N° du mandat / FRF / Bureau / Date / Signature de l'agent

N° 1405

DESTINATAIRE		MONTANT
EXPÉDITEUR		FRF / Destination

JE M'ENTRAÎNE À L'ORAL

12 Quinze jours plus tard, madame Teillet n'a toujours pas reçu l'annuaire. Elle appelle la
** Chambre de Commerce et d'Industrie Française de Barcelone pour le réclamer. Sophie Domblides, une stagiaire, lui répond que l'envoi a été fait il y a plus de dix jours en recommandé avec accusé de réception, mais qu'il y a eu des perturbations dans les postes espagnoles.

Jouez la conversation.

ÉCHANGES INTERNATIONAUX

UN PEU D'HUMOUR !

La libre circulation des marchandises a toujours posé des problèmes. Qu'il s'agisse de fruits ou de légumes, de voitures ou... de menhirs ! Les susceptibilités nationales ont tendance à s'exprimer sur la voie publique.

(*Obélix et compagnie*, © 1997 Les éditions Albert René/Goscinny-Uderzo)

13 **Rédigez l'affiche** appelant à une manifestation pour protester contre l'importation des menhirs gaulois (n'oubliez pas de préciser l'heure et le lieu !).

4 LE RECRUTEMENT
Emploi : coup de pouce !

L'ENTREPRISE ET SON PERSONNEL

À LA RECHERCHE D'UN EMPLOI

DOC

EMPLOI

Les boutiques «club emploi» font reculer le chômage

Calquées sur une formule canadienne, les boutiques «club emploi» favorisent l'insertion professionnelle

LIMOGES :
Alain Londeix

Après Bondy, Vire et Valenciennes, la boutique «club emploi» de Limoges est la dernière-née d'une formule innovante apparue dans les années 80 au Canada sous l'impulsion d'Arthur Mills.

« *Nous nous adressons à des personnes prêtes à l'emploi, disposées à développer une véritable offensive pour retrouver du travail sur un marché raréfié et concurrentiel* », explique Thierry Grandjean, responsable de la boutique de Limoges implantée dans les locaux de la Chambre de Commerce et d'Industrie.

« *Nous utilisons une méthode pragmatique à l'anglo-saxonne qui permet aux demandeurs d'emploi de jeter toutes leurs forces dans leur recherche.* »

Avec l'aide de l'ANPE, de la Direction du travail, de l'emploi et de la formation professionnelle, le soutien de l'État, de la région et d'entreprises locales, la boutique « club emploi » sélectionne, à l'issue d'entretiens individuels, les personnes les plus motivées.

« *Ensuite une session, et non pas une formation, utilisant les techniques les plus perfectionnées, réunit une douzaine de participants pendant quatre semaines* », poursuit son collaborateur Patrice Pautrat.

Un groupe hétérogène est constitué avec quatre chômeurs de longue durée, trois jeunes de 18 à 25 ans de niveau bac maximum, cinq demandeurs d'emploi inscrits à l'ANPE, hommes et femmes.

« *La démarche se caractérise ensuite par une méthode active, interactive et directive, par de nombreux exercices simulés en binômes avant une mise en situation réelle. On les met en entreprise virtuelle* », souligne Thierry Grandjean dont le taux de réussite avoisine les 70 % sur les cinquante premiers participants.

Une approche radicalement différente

Mise au point du CV, des outils (téléphone, courrier), simulation vidéo de l'entretien d'embauche, conseillers à disposition, intervention de chefs d'entreprises pour présenter un marché, cette dynamique appuyée par un libre-service gratuit de téléphones, photocopieurs et la logistique de la CCI porte ses fruits.

Chef de cuisine ayant bourlingué en Afrique, Philippe Taton, 39 ans, sans travail depuis mars 1993, a trouvé un emploi à la Foire de Paris en attendant d'intégrer à l'automne le service de restauration d'une clinique de la Cité de la Porcelaine. « *Notre approche est radicalement différente au sein d'un groupe soudé. Les chefs d'entreprise n'ont pas le temps de lire les CV, alors le contact direct au téléphone est efficace. En un mois, j'ai pu ainsi décrocher vingt entretiens avec des dirigeants. On est entraîné à la recherche d'un emploi, ça n'a rien à voir avec l'ANPE.* »

Autre effet du club : ayant entendu que son garagiste recherchait un mécanicien, Philippe Taton a fait profiter de l'information son jeune voisin qui a été embauché trois jours plus tard. Hélène a puisé au « club emploi » une énergie conquérante : « *Nous avons la possibilité de rechercher l'emploi visible mais aussi caché, même s'il faut bousculer les employeurs. Nous sommes libérés du poids de la concurrence.* »

Quant à Loïc, 53 ans, il était en quête d'un poste depuis six ans, après des ennuis de santé. Il a commencé l'autre jour dans la vente de tracteurs forestiers.

D'ici au mois de juin, des boutiques verront le jour à Tremblay-en-France, Rouen, Gennevilliers et Pau.

(d'après *Le Figaro* 9632304 par Alain Londeix, n° 15 765)

J'ANALYSE LE DOCUMENT

1) À la lecture de cet article, on s'aperçoit que les six questions posées par Alain Londeix, journaliste au *Figaro*, ne figurent pas dans le texte, alors que les réponses y sont données en italique.

À vous de retrouver et de rédiger les six questions posées par le journaliste.

2) Vous êtes chargé(e) de la rubrique « Emploi » du bulletin de la faculté des sciences économiques de Limoges. La formule « club emploi » vous a semblé intéressante et vous êtes convaincu(e) que certains étudiants peuvent être concernés.

Après avoir trouvé un titre accrocheur, **résumez cet article** en une dizaine de lignes maximum, en insistant sur les avantages et les résultats de la formule.

3) Vous êtes responsable du « club emploi » qui vient d'ouvrir ses portes à Rouen dans les locaux de l'Hôtel des Associations, 36, rue de la Libération.

Rédigez l'encart publicitaire (format 10 x 15 cm environ), à paraître dans les différentes publications locales, dans lequel vous annoncez une réunion de présentation pour le lundi suivant à 18 h.

RÉPONSE À UNE PETITE ANNONCE

En dépouillant la presse du jour, les membres d'un « club emploi » de la région parisienne ont retenu l'annonce suivante :

Secrétaire de Direction
(Neuilly)

Pour assurer le secrétariat particulier du PDG d'une PME et remplacer la titulaire prenant sa retraite après 29 ans de service, nous recherchons la personne de confiance qui, à 40-50 ans, aura acquis la disponibilité nécessaire pour ce poste.
Vous prendrez en charge l'intégralité des tâches de cette fonction comprenant mille petits détails nécessitant minutie, doigté et implication.
Vous aurez besoin d'utiliser PC (Excel, Winword et Windows), dictaphone, sténo ou écriture rapide.
Dévouement, adaptabilité, discrétion, vivacité d'esprit et excellente présentation parachèvent le profil de la Collaboratrice "d'exception" que nous voulons.
Merci d'adresser votre candidature sous référence 5 A 019F (lettre manuscrite, CV, photo et prétentions) à ACTERES CONSEIL - 49, avenue Trudaine - 75009 Paris.
Après examen de votre dossier, vous recevrez le descriptif du poste avec une proposition d'entretien.

ACTÉRES CONSEIL

CHAMBRE SYNDICALE NATIONALE DES CONSEILS EN RECRUTEMENTS

Voici le profil de trois personnes qui ont posé leur candidature :

Marie-Louise Berger est née à St-Vallier-de-Thiey (06), le 9 février 1955, elle est divorcée, elle a trois enfants et demeure 18, rue de Charenton à Paris dans le XIIe arrondissement. Tél. : 01.41.15.45.69.
De nationalité française, elle a fait ses études au lycée Amiral de Grasse, à Grasse. Elle a obtenu un bac gestion, mention AB en juin 1972.
En 1974, après avoir passé un DEUG d'allemand, elle a préparé un BTS de secrétariat trilingue anglais-allemand.
À l'issue de ses études, en septembre 1976, elle est embauchée à la parfumerie « Mane et Fils », route de Vence, 06130 GRASSE, où elle restera jusqu'en 1983. Elle a interrompu toute activité professionnelle pendant deux ans.
Installée à Paris, elle a recommencé à travailler pour les Établissements « Aroma SA », 96, rue du Maine, 75014 PARIS, où elle a assuré les fonctions de secrétaire du directeur commercial, jusqu'au rachat de l'entreprise par une multinationale italienne. Elle est au chômage depuis un an.

Jeannine Viornery, de nationalité française, est née le 27 janvier 1950 à Mauguio (34), elle est veuve, sans enfant. Elle habite actuellement 38, rue de l'Orillon, 75011 PARIS ; Tél. / Fax : 01.43.45.17.89.
Elle a fait toutes ses études au lycée français de Barcelone où elle a passé son baccalauréat à 19 ans. À 23 ans, elle a obtenu une licence de lettres modernes à la Sorbonne (mention bien) en même temps qu'un diplôme de sténo-dactylo. Elle est partie ensuite faire un stage de six mois à la Chambre de Commerce et d'Industrie Française de Mexico.
Elle est rentrée à Paris pour occuper un poste de secrétaire de direction chez « Exports Asociados SA », entreprise mexicaine exportant des produits alimentaires. Elle a été associée de très près, par son patron dont elle était le bras droit, au développement des activités de l'entreprise, jusqu'à l'année dernière, date à laquelle le nouveau directeur l'a licenciée.
Bilingue français-espagnol, elle suit des cours d'anglais (niveau moyen) et se perfectionne en informatique.
Elle est responsable du club d'échecs de la Maison des Jeunes et de la Culture de son quartier.

Marie-Pierre Gontrand a eu 47 ans il y a dix jours. Elle est née à La Valette, Malte. De nationalité française, elle est mariée et mère de deux enfants, elle vit à Paris dans le XIe arrondissement, rue Sainte-Venise au n° 5 ; Tél. : 01.41.23.98.17. Elle a passé son bac à 18 ans et à 21 ans son diplôme de secrétaire bilingue anglais-français. Elle a tout de suite commencé à travailler chez Dubreuil Frères, entreprise familiale de matériel de travaux publics aujourd'hui disparue, chez qui elle est restée pendant cinq ans. Elle a arrêté de travailler pendant 6 ans pour élever ses enfants.
Puis elle a repris une activité dans une entreprise du même secteur, Léviathan SA, 66, rue des Plâtrières, 94000 CRÉTEIL. Elle avait sous sa responsabilité deux secrétaires et une dactylo.
Elle est au chômage depuis six mois et elle suit des cours de gestion et d'informatique organisés par l'ANPE.
Elle s'occupe bénévolement d'une association d'insertion par le travail de jeunes en difficulté.

LE RECRUTEMENT

JE M'ENTRAÎNE À L'ÉCRIT

RÉDACTION D'UN CV

4 **Établissez le CV correspondant à chacune des trois candidates,** en vous aidant du modèle ci-dessous que « club emploi » propose à ses membres. (Les diplômes obtenus et l'expérience professionnelle peuvent être indiqués soit dans l'ordre chronologique, soit dans l'ordre inverse).

ÉTAT CIVIL

Nom

Prénoms   Photo
                                                      (éventuellement)
Adresse

Tél.

Date et lieu de naissance

Nationalité

Situation de famille

FORMATION

19.. : Diplôme *(Précisez éventuellement la mention et l'établissement.)*
19.. :

EXPÉRIENCE PROFESSIONNELLE

De 19.. à 19.. : Nom et adresse de l'entreprise, fonctions
De 19.. à 19.. : ...

CONNAISSANCES PRATIQUES

Informatique, dactylographie, bureautique, etc.

LANGUES ÉTRANGÈRES

Précisez le niveau de connaissance et, éventuellement, les séjours dans le pays, les certifications, ...

CENTRES D'INTÉRÊT *(Facultatif)*

DOSSIER 4

JE COMMUNIQUE À L'ÉCRIT

LETTRE DE CANDIDATURE

5 L'une des trois candidates, Mme Berger, vous a soumis la lettre qui doit accompagner son CV.
* **Retournez-lui cette lettre,** après l'avoir complétée, à l'aide de la liste suivante :

actuellement - adresser - attente - basé - carrière - comme - éventuel - fois - motivée - objet - parue - possède - preuve - références - suite

---

Marie Louise BERGER
18, rue de Charenton
75012 Paris
Tél : 01.41.15.45.69.

ACTÈRES CONSEIL
49, rue Trudaine
75009 Paris

.... : Candidature
Poste secrétaire direction
Réf. 5 A 019 F

P.J. : CV.

Paris, le ...

Messieurs,

Votre annonce ...., ce jour, dans Le Figaro, a retenu mon attention. Je me permets de vous .... mon curriculum vitae pour le poste de secrétaire de direction .... à Neuilly.

Je suis .... au chômage, à la .... de la restructuration du service dans lequel je travaillais.

Je .... un BTS de secrétariat trilingue et depuis le début de ma .... je n'ai changé que deux .... d'entreprise.

Je suis dynamique et très .... pour retrouver un emploi. J'ai toujours fait .... de sérieux et de dévouement dans mon travail, ... le montrent mes .... C'est pour cette raison que mes prétentions sont de 12 500 F net par mois.

J'espère que ma candidature retiendra votre attention. Je me tiens à votre disposition pour un .... entretien, au jour et à l'heure que vous me fixerez.

Dans l'.................. de votre réponse, je vous prie d'agréer, Messieurs, l'expression de mes salutations distinguées.

ML Berger

LE RECRUTEMENT

JE M'ENTRAÎNE À L'ORAL

6 Mme S. Trochet, chargée du recrutement à ACTÈRES CONSEIL a reçu les trois candidatures. Avec son assistante, Michèle Dumont, elle compare les trois CV pour finalement convoquer deux des trois candidates à un entretien.

Jouez la conversation en insistant sur les éléments des CV qui permettent de justifier le choix en faveur de Mmes Gontrand et Viornery.

JE COMMUNIQUE À L'ÉCRIT

RÉPONSE À UNE CANDIDATURE

7 Mme Trochet demande à Michèle Dumont d'envoyer un courrier aux deux candidates finalement retenues afin qu'elles la contactent pour un premier entretien de sélection.

Recopiez cette lettre en remettant dans l'ordre ses différentes parties.

N / Réf. : ST / MD / 253

Nous vous prions de bien vouloir prendre contact le plus rapidement possible avec Michèle Dumont, chargée du suivi de ce dossier.

Nous avons bien reçu votre lettre concernant le poste de secrétaire de direction réf. 5 A 019 F.

Paris, le…

PJ : un descriptif de poste
Réf. : 5 A 019 F.

Nous avons le plaisir de vous informer que votre CV a été retenu après une première sélection.

ACTÈRES CONSEIL
49, avenue Trudaine
75009 Paris
Tél. : 01.41.46.93.08.

Vous trouverez ci-joint un descriptif du poste à pourvoir qui vous permettra de vous faire une idée plus précise des attentes de l'entreprise.

Sonia Trochet
Responsable recrutement

Un entretien avec notre équipe de recrutement est nécessaire avant que votre candidature soit soumise à notre client.

Madame,

Veuillez agréer, Madame, l'expression de nos salutations distinguées.

DOSSIER 4

JE M'ENTRAÎNE À L'ÉCRIT

PETITE ANNONCE : DEMANDE D'EMPLOI

8
**
Le responsable de « club emploi » suggère à Mme Berger, dont la candidature n'a pas été retenue, de **rédiger une petite annonce offrant ses services** qui paraîtra dans *Le Figaro*. (Évitez les abréviations ; six lignes maximum).

JE M'ENTRAÎNE À L'ORAL

9
**
Mme Trochet suggère à Mme Dumont de prendre contact avec les deux candidates, par téléphone, afin d'accélérer le processus de sélection. **Jouez la conversation.**

10
*
Mme Viornery n'est pas chez elle. Michèle Dumont vous charge de lui laisser un message sur son répondeur. **Transmettez le message** en n'oubliant pas d'indiquer clairement les coordonnées d'ACTÈRES CONSEIL, ainsi que le nom de la personne à contacter et les références du poste.

11
**
Mme Gontrand est chez elle, mais le rendez-vous proposé par Mme Dumont ne lui convient pas. **Jouez la conversation** au cours de laquelle elles tomberont d'accord sur un jour et une heure qui leur conviendront.

12
*
Une fois rentrée chez elle, Mme Viornery rappelle Mme Dumont pour fixer un rendez-vous. Le jour et l'heure proposés lui conviennent parfaitement. **Jouez la conversation**.

13
**
Le « club emploi » prépare les deux candidats présélectionnées à un entretien avec Mme Trochet. **Jouez l'entretien d'embauche**, en vous basant sur leur C.V.

ACTIVITÉS LEXICALES

14
**
Complétez les phrases suivantes avec le mot ou groupe de mots qui convient :

1. Ce rapport tend à démontrer que la .... du temps de travail peut permettre de créer, dès maintenant, des emplois.

réduction - régression - remise - résolution

2. De plus en plus de Français, des adultes pour la plupart, suivent une formation par correspondance pour .... un diplôme ou une meilleure qualification professionnelle.

atteindre - gagner - obtenir - passer

3. L'entreprise Montes SA recherche un .... supérieur expérimenté pour ouvrir une filiale au Zaïre.

cadre - diplômé - maître - responsable

4. La dernière étude de l'INSEE met en évidence une légère .... de l'embauche, après un troisième trimestre difficile.

évolution - réadaptation - remise - reprise

5. Pour être admis dans cette formation, les candidats doivent être .... d'un BTS, d'un DEUG de gestion ou d'un diplôme équivalent.

intitulés - titrés - titulaires - titularisés

LE RECRUTEMENT

6. Des écoles vous informent sur les .... professionnels ; pour en savoir plus, composez sur votre Minitel 3615 code ECOLINFO.
débouchés - diplômés - honoraires - titres

7. L'augmentation du nombre des emplois .... sert plus à enrayer la montée du chômage qu'à créer véritablement des postes de travail.
instables - précaires - précis - transitoires

8. La .... de l'outil informatique est requise pour occuper ce poste.
domination - maîtrise - possession - prise

9. Ce poste offre des perspectives de carrière intéressantes .... d'un groupe en pleine expansion sur les marchés internationaux.
à l'égard - au centre - au milieu - au sein

10. En trois ans, le nombre d'organismes spécialisés dans le .... pour le reclassement des salariés des entreprises en difficultés a doublé.
conseil - risque - service - travail

15 Trouvez les mots qui correspondent aux définitions suivantes :
*

1. .... : état d'une personne qui s'est retirée de la vie active
chômage - grève - retraite

2. .... : personnel de production
manœuvre - main-d'œuvre - maintenance

3. .... : fonction à laquelle on est nommé
vacance - place - poste

4. .... : solliciter une place, un emploi
poster - postuler - pourvoir

5. .... : rencontre concertée entre personnes qui doivent se parler
conversation - entretien - interview

À CHACUN SON SALAIRE

16 Le salaire peut recevoir un nom particulier en fonction de l'activité de celui qui le perçoit.
** **Faites correspondre** le nom donné au salaire avec celui de la profession exercée.

1. salaire	a. militaire
2. traitement	b. ouvreuse, serveur...
3. honoraires	c. fonctionnaire
4. solde	d. avocat, médecin...
5. cachet	e. employé, ouvrier...
6. pourboire	f. acteur, musicien...

5 LES SALARIÉS

LES CONTRATS DE TRAVAIL

DOC

La montée du chômage, les difficultés économiques, la recherche d'une plus grande compétitivité..., font que les travailleurs, après une période d'essai, ont de plus en plus de difficultés à obtenir un contrat à durée indéterminée.
Au moment d'engager des salariés, les chefs d'entreprise ont aujourd'hui recours à des contrats qui permettent une plus grande flexibilité.
Voici les trois principaux contrats que l'on peut proposer à un travailleur.

LE CONTRAT DE TRAVAIL TEMPORAIRE (CTT)

Qu'est-ce que c'est ?
Dans le contrat de travail en intérim, trois parties sont concernées :
- l'entreprise utilisatrice,
- l'entreprise de travail intérimaire,
- le salarié intérimaire.
La société d'intérim et la société utilisatrice sont liées par un contrat de mise à disposition (droit commercial) alors que l'intérimaire et la société de travail temporaire sont liés par un contrat de mission (contrat de travail).

Dans quel cas un employeur fait-il appel à un intérimaire ?
Un employeur peut faire appel à un intérimaire :
- pour remplacer un salarié en cas d'absence, de suspension de son contrat de travail (congés payés),
- pour faire face à un accroissement temporaire de l'activité de l'entreprise,
- pour pourvoir un emploi saisonnier (vendanges, par exemple).

Qui est votre employeur ?
Votre employeur est votre agence d'intérim. Vous réglez avec elle tous les problèmes liés au salaire (congés, indemnités de déplacement, etc.).
Mais pendant votre mission, vous êtes sous l'autorité et le contrôle de l'entreprise utilisatrice. Vous devez donc respecter les règles relatives à l'exécution du travail en vigueur.
Vous avez accès aux installations collectives de l'entreprise utilisatrice dans les mêmes conditions que les salariés (restaurant d'entreprise).

Quelles sont les mentions obligatoires de votre contrat ?
Pour chaque mission, votre agence d'intérim doit passer avec vous un contrat écrit. Ce contrat doit mentionner :
- votre qualification,
- le montant de votre rémunération,
- le motif du recours,
- le terme de votre mission.

Quelle doit être votre rémunération ?
Votre rémunération ne peut pas être inférieure à celle que percevrait, dans la même entreprise et après période d'essai, un salarié embauché en contrat à durée indéterminée, de qualification équivalente et occupant les mêmes fonctions.
Vos droits sont les mêmes que ceux des autres salariés en ce qui concerne les congés payés. Vous percevrez une indemnité compensatrice de congés payés égale au dixième de votre rémunération pour chaque mission, et cela quelle qu'en soit la durée.

Votre contrat peut-il prévoir une période d'essai ?
Votre contrat de travail temporaire peut comporter une période d'essai dont la durée est fixée par convention. La loi prévoit cependant un minimum fixé à :
- 2 jours ouvrés pour un contrat inférieur ou égal à un mois,
- 3 jours ouvrés pour un contrat de un à deux mois,
- 5 jours ouvrés pour un contrat de plus de deux mois.

Quelle est la durée maximale d'une « mission » ?
Les durées pour lesquelles votre contrat peut être conclu sont les mêmes que celles prévues pour un contrat à durée déterminée, y compris les renouvellements ou les éventuels contrats successifs.
À noter que si vous êtes absent pour maladie, accident ou maternité, votre contrat se terminera à la date initialement prévue. Pendant votre arrêt de travail, vous pouvez bénéficier d'une indemnisation complémentaire à celle de la Sécurité sociale.

Que se passe-t-il si l'employeur met fin à votre mission avant la date d'échéance ?
Si l'entreprise met fin à votre mission avant la date
.../...

.../...

prévue, elle doit (sauf faute grave de votre part ou cas de force majeure), vous proposer dans les trois jours, pour la durée de votre contrat restant à couvrir, une nouvelle mission similaire à la précédente. Si vous n'obtenez pas gain de cause, vous aurez droit au paiement de votre rémunération jusqu'au terme prévu de votre contrat.

À la fin de votre mission, avez-vous droit à une indemnité ?
Oui, à la fin de votre mission, une indemnité destinée à compenser la précarité de votre situation doit vous être versée. Son montant est égal à 10 % de la rémunération totale brute perçue au cours de votre mission.
Mais cette indemnité ne vous est pas due :
- si l'entreprise vous engage pour une durée indéterminée,
- si la mission a été rompue à votre initiative,
- si vous avez commis une faute grave, ou en cas de force majeure.
Enfin, sachez que le travail en intérim peut être pour vous l'occasion de vivre de multiples expériences professionnelles dans divers domaines et d'étoffer ainsi votre CV.

LE CONTRAT À DURÉE INDÉTERMINÉE (CDI)

Qu'est-ce que c'est ?
Le CDI est un contrat dont le terme n'est pas prévu à l'avance. Son principal avantage est qu'il ne prend fin que par la démission ou le licenciement. Par la démission, vous décidez vous-même de quitter l'entreprise. Par le licenciement, votre employeur vous renvoie. Le CDI doit être utilisé chaque fois que l'emploi proposé peut être stable.

Le CDI doit-il être écrit ?
Pas nécessairement, sauf si la convention collective le prévoit. Mais, selon une directive communautaire, depuis le 1er juillet 1993, votre employeur doit vous délivrer, dans les deux mois suivant votre embauche, un document comportant certains renseignements sur vos conditions de travail.
La plupart des informations exigées par la directive se retrouvent sur le bulletin de paie que l'employeur doit obligatoirement remettre au salarié.

Quelles sont les clauses obligatoires du CDI ?
Outre certaines clauses obligatoires, l'employeur peut insérer celles qu'il estime nécessaires par rapport à l'activité de l'entreprise : période d'essai, clause de non-concurrence, clause de mobilité ou clause d'exclusivité et de loyauté.

Sur votre contrat, vous devez voir stipulés :
- la date du contrat ou de la lettre,
- le nom des deux parties,
- que le contrat est soumis aux dispositions de la convention collective de la profession,
- la date de la prise de fonction,
- la qualification,
- la rémunération,
- que le contrat est à durée indéterminée,
- le lieu de travail,
- l'horaire de travail,
- le droit aux congés payés.

L'employeur peut-il rédiger le contrat comme il l'entend ?
Votre employeur est libre de rédiger votre contrat comme il l'entend. Mais il doit respecter les dispositions légales, ou celles de la convention collective si cette dernière est plus favorable que la loi.
Par ailleurs, si vous travaillez en France, votre contrat de travail doit être rédigé en français.
Si vous êtes étranger, vous pouvez demander une traduction dans votre langue.

LE CONTRAT À DURÉE DÉTERMINÉE (CDD)

Qu'est-ce que c'est ?
C'est un contrat de travail qui est conclu pour l'exécution d'une tâche précise et pour une durée limitée. Il doit être écrit et automatiquement rompu à la fin de la période prévue, sans qu'il soit nécessaire de procéder à un licenciement.

Quand peut-on conclure un CDD ?
Un employeur peut vous embaucher sous contrat à durée déterminée :
- pour remplacer un salarié temporairement absent,
- pour faire face à un accroissement temporaire de travail (commande exceptionnelle, travaux urgents, etc.),
- pour pourvoir des emplois saisonniers...
Certains secteurs d'activité bien précis peuvent recourir systématiquement aux CDD : professions du spectacle, réparation navale, exploitation forestière, restauration...

Combien de temps dure un CDD ?
La durée légale est en principe de 18 mois maximum, renouvelable une seule fois à condition que la durée totale des deux contrats successifs ne dépasse pas le maximum autorisé. Mais la durée des CDD autorisés pour inciter à l'embauche peut être plus longue.

.../...

DOSSIER 5

…/…

Est-ce qu'un CDD est assorti d'une période d'essai ?
La période d'essai n'est pas obligatoire mais les employeurs la prévoient habituellement. Elle ne peut dépasser une durée égale à un jour par semaine de durée du CDD avec un maximum d'un mois pour un CDD d'une durée supérieure à six mois. Passée la période d'essai, il est absolument impossible de rompre un CDD avant la fin.

Que se passe-t-il au terme du CDD ?
Si l'employeur désire garder le salarié dans l'entreprise, le CDD peut se transformer en CDI. Si le salarié doit quitter l'entreprise à l'issue du CDD, il a droit à une indemnité destinée à compenser la précarité de sa situation.
Son montant est égal à 6 % des sommes perçues pendant le CDD. L'indemnité n'est pas due (sauf accord plus favorable) :
- si le contrat est rompu par anticipation ou en cas de faute grave,
- si le salarié refuse un CDI pour occuper le même poste ou un poste similaire assorti d'une rémunération au moins équivalente,
- si le contrat a été conclu pour la période des vacances scolaires,
- si le contrat a été conclu au titre des mesures destinées à favoriser l'embauche de certains demandeurs d'emploi.

Peut-on mettre fin à un CDD avant son terme ?
Si vous ne voulez pas partir, votre employeur ne peut rompre votre CDD avant son terme que pour deux motifs :
- une faute grave,
- en cas de force majeure.
La rupture de votre contrat pour un motif autre vous donne droit à des dommages et intérêts d'un montant au moins égal aux rémunérations que vous auriez perçues jusqu'au terme du contrat. Vous avez aussi droit à l'indemnité de fin de contrat.
Si c'est vous qui désirez quitter l'entreprise avant l'échéance prévue, vous devez obtenir l'accord de votre employeur.

Quels sont vos droits dans le cadre d'un CDD ?
Pendant toute la durée de votre contrat, vous avez les mêmes droits et avantages que les autres salariés de l'entreprise.

(d'après *Le Magazine de l'emploi*, n° 11)

J'ANALYSE LE DOCUMENT

1 Vous êtes stagiaire au service de la documentation dans une chambre de commerce et d'industrie française à l'étranger, et il vous a été demandé de **résumer sous forme de tableau les trois principaux types de contrat actuellement en vigueur en France.**

	CTT	CDI	CDD
Durée			
Employeur			
Droits du salarié			
Mentions obligatoires du contrat			
Période d'essai			
Rémunération			
Obligations de l'employeur			
Rupture / fin de contrat			

LES SALARIÉS

2 Dans la colonne de gauche figurent des termes contenus dans le document pages 48 à 50. À vous de retrouver dans la colonne de droite le terme correspondant, en français standard. Attention, un même terme peut avoir plusieurs équivalents.

1. précarité
2. emploi
3. jours fériés
4. similaire
5. congés (payés)
6. imposer
7. terme
8. salarié
9. rémunération
10. issue
11. percevoir
12. excéder
13. accroissement
14. repos
15. rédigé

a. vacances
b. écrit
c. salaire
d. travailleur
e. fin
f. dépasser
g. fragilité
h. équivalent
i. augmentation
j. obliger
k. toucher (un salaire)
l. travail

LE TRAVAIL AU QUOTIDIEN

LES CONGÉS EN FRANCE

À savoir

Un jour férié légal est un jour où normalement on ne travaille pas. En France, les onze jours fériés légaux sont les suivants :
- le 1er janvier
- le lundi de Pâques
- le 1er mai
- le 8 mai
- un jeudi du mois de mai, l'Ascension
- le lundi de Pentecôte
- le 14 juillet
- le 15 août
- le 1er novembre
- le 11 novembre
- le 25 décembre

Autres : - vendredi saint en Alsace
- Sainte Barbe, le 4 décembre pour les mineurs, par exemple

JE M'ENTRAÎNE À L'ÉCRIT

3 **Distinguez** les fêtes laïques des fêtes religieuses.
Indiquez à quoi elles correspondent.

4 **Trouvez le terme exact** en vous aidant éventuellement d'un dictionnaire.
1. En général, une semaine de travail comprend six jours *(ouvrables - fériés)* dont cinq jours sont *(fermés - ouvrés)*.

2. Le 1er mai est légalement le seul jour *(ouvré - férié)* et *(chômé - fêté)*.

3. Un salarié français a droit à cinq semaines *(d'absence - de congés)* par an.

4. De plus en plus, les heures *(supplémentaires - extraordinaires)* sont compensées par une durée équivalente de repos.

DOSSIER 5

L'APPRENTISSAGE

> Plus de 70 % des apprentis trouvent un emploi durable à l'................ de leur formation. Une forme d'................ en plein .... adaptée aux besoins des petites entreprises.
>
> L'apprentissage séduit les .... En mars 1995, plus de 9 000 contrats ont été ...., soit 2 000 de plus que l'an dernier. Les raisons de ce succès ? L'apprentissage offre trois .... principaux à l'employeur. D'une part, celui-ci s'engage pour une durée limitée (le contrat d'apprentissage ne dure que deux à trois ans). D'autre part, l'entrepreneur bénéficie d'avantages financiers spécifiques, accordés uniquement aux entreprises employant un ou plusieurs apprentis. Enfin, dernier .... et sans doute le plus incitatif : en formant un jeune, âgé de 16 à 25 ans, l'employeur peut déjà .... son embauche définitive. Celui-ci sera tout de suite .... grâce à sa formation acquise sur le terrain et à sa .... de l'entreprise.
>
> **Le contrat d'apprentissage**
> Le contrat d'apprentissage est un contrat à durée déterminée (de un à trois ans, selon le diplôme). Même si l'entreprise n'est pas .... à la totalité des charges patronales, l'apprenti est considéré comme salarié. Il bénéficie des mêmes horaires, congés et protection sociale que ceux .... dans la profession. La caractéristique du contrat : il combine une formation pratique en entreprise avec un enseignement théorique, ... dans un centre de formation d'apprentis. Phénomène nouveau : certains établissements de l'enseignement .... proposent à leurs élèves une formation en apprentissage.
>
> .... : le contrat peut être signé dès le mois de juin et, au plus tard, en décembre.
>
> Juliette Keller

(d'après *Défis*, n° 129, juin 1995)

J'ANALYSE LE DOCUMENT

5 **Complétez le texte** à l'aide des mots de la liste suivante :
appliqués - argument - assujettie - attention - avantages - connaissance - dispensé - embauche - entrepreneurs - envisager - essor - issue - opérationnel - signés - supérieur

LES SALARIÉS

JE COMMUNIQUE À L'ÉCRIT

FICHE D'ABSENCE

À savoir

Elle doit permettre de contrôler mensuellement les jours d'absence du personnel et de préparer les statistiques annuelles sur l'absentéisme. Les causes principales d'absence figurant dans les statistiques sont les suivantes : congés payés, arrêt maladie, congé de maternité, accident du travail, raisons familiales, autres.

6 *** Vous avez été chargé(e) par le directeur du Foyer des Pyrénées de **concevoir une fiche d'absence individuelle,** renouvelée chaque année.

NOTE DE SERVICE

À savoir

La note de service permet à un responsable de donner des instructions ou des informations à une partie ou à l'ensemble du personnel de l'entreprise.

7 *** Il vous a été également demandé de **préparer la note de service** destinée à l'ensemble du personnel qui explique et justifie l'utilisation de cette fiche à partir du 1er janvier prochain.

FOYER DES PYRÉNÉES

Note de service n°

Objet :

Destinataire :   Date :

....

....

....

....

....

....

....

Signature

LETTRE D'ENGAGEMENT

8 ** Le Foyer des Pyrénées recrute Mme Sophie Bacqué en tant que nouvelle éducatrice spécialisée. Vous faites taper la lettre d'engagement. Le correcteur orthographique de l'ordinateur a été victime d'un virus !
À vous de corriger les fautes.

LE FOYER DES PYRÉNÉES
17, av. du Maréchal Foch
31110 BAGNÈRES-DE-LUCHON

Madame Sophie BACQUÉ
1, rue du Château
31110 BAGNÈRES-DE-LUCHON

Objet : lettre d'engagement

Luchon, le 8 octobre ....

Madame,

Suite **a** notre entretien du 6 octobre **dernière**, nous vous **confirmez vôtre** engagement à partir du 2 novembre **prochaine** en **qualitée** d'éducatrice spécialisée.

Vôtre salaire de base brut sera au départ de .... francs ; vous **bénéficierez** d'autre part d'un **trézième** mois ainsi que d'autres avantages **accordé** par notre association, dont **notament** une prime de **pontualité**.

Vous exercerez votre **activitée** dans notre centre de Tarbes. Nous vous **rappelez** que vous serez **amené** à **trabailler** un week-end sur trois en fonction du planning annuel.

Le présent contrat est conclu pour une **duré** de trois ans. **Chaqu'une** des parties pourra **dont** le dénoncer à tout moment, à condition de respecter le **délait** de préavis fixé par la convention **colective** du secteur. Les deux premiers mois sont considérés comme une période d'essai au **court** de laquelle il pourra être **posé** fin au présent contrat à **l'iniciative** d'une des deux parties, **sens** préavis ni indemnité.

Veuillez avoir **l'amabilitée** de bien vouloir nous renvoyer le double de cette lettre **duement** signé et sur lequel vous **fairez** figurer la **mencion** «lu et approuvé».

Revevez, Madame, **l'expresion** de nos sentiments distingués.

Le directeur
R. Lacroix

# LES SALARIÉS

JE M'ENTRAÎNE À L'ÉCRIT

9 Sophie Bacqué travaille depuis quinze jours au Foyer des Pyrénées. Elle demande un acompte
** de 2 500 francs sur son salaire que madame Caron, la responsable administrative, lui accorde.
Libellez le chèque suivant (n'oubliez pas de remplir le talon).

DOC

SOCIETE GENERALE

N° 6120403   Date _____ Objet _____ Montant _____

B.P.F. _____

Payez contre ce chèque _____
non endossable sauf au profit d'une banque ou d'un organisme visé par la loi

A _____

Payable
BAGNERES DE LUCHON
21 ALLEES D'ETIGNY
31110 BAGNERES LUCHON   Le _____ 19 _____

220 Numéro de compte
000 2 569852 1   36
FOYER DES PYRENEES
17, av. du Maréchal Foch
31110 BAGNERES LUCHON   <07>

Tél.: 05.61.79.03.77
Compensable TOULOUSE
6120403   2062

└ N° de chèque ┘ └ Code guichet ┘

⑈6120403⑈ ⑉0310100030083 206258165961⑈

DOSSIER 5

ACTIVITÉS LEXICALES

UN DROIT : LA GRÈVE

> **À savoir**
>
> La grève est un arrêt momentané du travail décidé par une partie ou la totalité du personnel salarié en vue de faire connaître ou aboutir certaines revendications professionnelles.

10 Aujourd'hui, les travailleurs peuvent faire la grève «à la carte» !
** **À vous de vous y reconnaître.**

la grève sur le tas - la grève tournante - la grève du zèle - la grève perlée -
la grève sauvage - la grève bouchon

1. .... : consiste en débrayages (arrêts du travail) surprises en vue de ralentir la production. Elle est condamnée par la loi.

2. .... : affecte successivement tous les secteurs de production.

3. .... : éclate spontanément, en dehors de toute consigne syndicale.

4. .... : dans ce cas, les ouvriers, les employés présents à leur poste de travail, demeurent inactifs.

5. .... : consiste à appliquer méticuleusement toutes les consignes de travail, en vue de bloquer toute activité.

6. .... : c'est la cessation du travail d'un petit nombre de salariés mais qui peut paralyser tout un complexe industriel.

11 **Trouvez le mot qui manque et faites une phrase.**
**

Premier mot : ....

a) Pour exercer une activité, un artisan doit être immatriculé au .... des métiers.

b) La voix de cette soprano a un .... qui rappelle beaucoup celui de Maria Callas.

c) Tous les établissements commerciaux tiennent à la disposition des clients mécontents un .... des réclamations.

d) ....
....

Deuxième mot : ....

a) Air Littoral vient d'acquérir de nouveaux avions dont les .... inclinables permettent de dormir aussi bien en classe touristes qu'en classe affaires.

b) Dans les guerres, autrefois, il était fréquent de faire le .... des places fortes.

c) Les Transports Savoyards Réunis viennent d'acheter l'ancienne mairie de la ville pour y installer leur .... social.

d) ....
....

LES SALARIÉS

Troisième mot : ....

a) Tous les sondages indiquent que les jeunes accordent de moins en moins de .... aux hommes politiques.

b) La vente à .... permet à de nombreuses personnes de disposer rapidement de biens de consommation.

c) Afin d'agrandir ses ateliers, le directeur vient de négocier avec son banquier un .... sur dix ans.

d) ....

12 **Complétez les phrases suivantes** avec le mot ou l'expression qui convient :
**

1. Le prochain conseil d'administration devra prendre .... des modifications apportées au règlement intérieur de la société.

acte - fin - part - soin

2. La persistance d'un taux de chômage élevé incite les syndicats à modérer leurs .... salariales.

déclarations - propositions - réclamations - revendications

3. La majorité des Français préfère une hausse des cotisations sociales plutôt que la remise .... des prestations.

en cause - en effet - en forme - en marche

4. Une .... de non-concurrence par rapport à notre société est prévue dans le contrat de tous nos cadres supérieurs.

clause - condition - formule - période

5. Les syndicats demandent un allègement de la .... fiscale sur les salariés pour relancer la consommation.

condition - dureté - pression - tension

6. Le département des .... humaines est en train de redéfinir le profil de tous les postes d'encadrement.

créations - dispositions - relations - ressources

7. Les .... obligatoires (cotisations sociales) vont à nouveau augmenter cette année.

allègements - dégrèvements - ponctions - prélèvements

8. Les accidents du travail dans le secteur du bâtiment sont en nette ....

chute - réfection - régression - remise

9. Sous certaines conditions, les chômeurs créateurs d'entreprise peuvent bénéficier d'une .... d'impôt sur le revenu.

exécution - exonération - remise - reprise

10. Les négociations sur la réduction des effectifs de l'usine d'Angers ont .... L'accord vient d'être signé.

abouti - acquis - commencé - échoué

6 LES DIFFÉRENTS TYPES D'ENTREPRISES

L'ENTREPRISE ET SON FONCTIONNEMENT

LA CRÉATION D'ENTREPRISE

DOC

Pépinières : du sur mesure pour les entreprises en création

Solution d'hébergement temporaire, la pépinière est, en réalité, bien plus qu'une solution immobilière pour les entreprises qui se créent.

Dans une pépinière, l'entreprise acquitte un loyer qui correspond à la ..*location*.. de son local professionnel (bureaux, activités), aux charges, ainsi qu'à de nombreuses .... qui peuvent varier d'une pépinière à l'autre. Dans la pépinière « Paris Avenir Soleillet », créée par la ville de Paris et la CCIP, le loyer est de 1 440 F le m² par an et, bien sûr, sans .... d'agence. À première vue, compte tenu de la baisse des valeurs locatives observée sur Paris intra-muros ces dernières années [...] ce .... peut ne pas sembler très compétitif.

Mais, outre le local, ce prix comprend : les ..*raccordements*.. de ligne téléphonique, le mobilier, l'accueil, le standard téléphonique, la distribution du courrier, l'assurance des locaux. Autant de ..*services*.. dont le chef d'entreprise bénéficie, ce qui lui permet de mieux se consacrer à son .... « *En réalité, notre but n'est pas de rentabiliser des mètres carrés, mais de favoriser la création d'entreprises*, explique Denis Danset, directeur de « Paris Avenir Soleillet ». *Dans une pépinière, la ..convivialité.. et le conseil permanent aux entreprises sont les éléments essentiels.* » Sans compter qu'une pépinière dispose de nombreux ..*atouts*.. difficilement quantifiables.

Alain Guidis, gérant de la société CD' France installée dans la pépinière de Paris depuis juin 1994, explique : « *C'est très encourageant de créer son entreprise dans un ..contexte.. où tout le monde est motivé par la réussite de son projet, plutôt que d'être isolé. C'est un bon moyen de garder le moral.* » D'ailleurs, le taux de ..*défaillance*.. d'entreprises installées en pépinière est sensiblement inférieur à celui de la ..*moyenne*.. nationale : 15 % contre 35 % disparaissent au cours des deux premières années. Ceci explique peut-être cela ! Des résultats liés aux ..*résultats*.. prodigués dans les pépinières, mais aussi sans doute à la bonne ..*qualité*.. des projets de départ. Car il faut le savoir, les pépinières sélectionnent les entreprises candidates.

« *Le plus important*, explique Alain Guidis, *c'est la ..souplesse.. d'évolution. J'ai démarré avec 30 m², puis je suis passé à 45 m² pendant un week-end, sans les problèmes inhérents à un ..déménagement.. traditionnel. [...] Et si je devais revenir à une surface diminuée, je pourrais le faire et le montant de mon loyer serait revu à la ..baisse...* »

.../...

LES DIFFÉRENTS TYPES D'ENTREPRISES

…/…
La limite souvent évoquée de la pépinière est la courte durée du *bail* qui, pour des raisons légales, ne peut dépasser vingt-trois mois. En fait, certaines pépinières – c'est le cas à Paris – parviennent à prolonger l'hébergement jusqu'à trois ans, ou organisent un *accompagnement* des entreprises lorsque celles-ci sortent de leur giron.

« J'espère que dans un an je pourrai voler de mes propres ailes, avoue Alain Guidis, je vais tout faire pour laisser la *place* à d'autres entreprises. »
Catherine Dupeyron

(d'après CCIP - *Le Nouveau Courrier*, n° 37, juin 1995)

J'ANALYSE LE DOCUMENT

1 **Complétez l'article** à l'aide des mots suivants :
accompagnement - atouts - bail - baisse - conseils - contexte - convivialité - défaillance - déménagement - frais - location - moyenne - place - prestations - projet - qualité - raccordements - services - souplesse - tarif

2 Après avoir complété l'article, **répondez aux questions suivantes** :
1. Qu'est-ce qu'une pépinière d'entreprises ?
2. Quels sont les services offerts aux entrepreneurs ?
3. En quoi cette formule est-elle bénéfique pour le chef d'entreprise ?
4. À quoi sont dus les bons résultats enregistrés par les entreprises qui débutent en pépinière ?
5. Que se passe-t-il lorsqu'une entreprise arrive au terme du contrat passé avec la pépinière ?

3 En vous aidant des réponses de l'exercice précédent, **résumez l'article** (8 à 10 lignes).

JE M'ENTRAÎNE À L'ORAL

4 Deux futurs entrepreneurs échangent leur point de vue sur la meilleure façon de mener à bien leur projet de création d'entreprise. L'un a posé sa candidature pour entrer dans une pépinière, alors que l'autre préfère conserver une indépendance totale.
Jouez la discussion.

QUEL STATUT JURIDIQUE CHOISIR ?

	ENTREPRISE INDIVIDUELLE	EURL*	SARL*	SA*	SNC*
NATURE DE L'ACTIVITÉ :	Artisans, industriels et commerçants, toutes professions libérales, agents commerciaux.	Artisans, industriels et commerçants, professions libérales autres que juridiques ou de santé (soit architecte, expert-comptable).	Artisans, industriels et commerçants, professions libérales autres que juridiques ou de santé (soit architecte, expert-comptable).	Industriels et commerçants.	Commerçants.
STATUT JURIDIQUE DE L'ENTREPRISE ET DE SON DIRIGEANT :					
Capitaux propres	Apport personnel.	Apport personnel.	Apport personnel n'excédant pas 50 % du capital + apport des autres associés.	Apport des actionnaires.	Apport personnel.
Exercice seul ou avec des associés ?	Seul.	Seul.	De 2 à 50 associés.	7 associés minimum.	Au moins 2 associés tous commerçants.
Capital minimum	Néant.	50 000 F.	50 000 F.	250 000 F.	Fixé librement.
Statut du dirigeant	Entrepreneur individuel : maîtrise totale de l'affaire et représentation de l'entreprise.	Associé unique : maîtrise totale et représentation de l'entreprise.	Associé gérant majoritaire : contrôle partiel, direction des assemblées générales. Associé gérant minoritaire, ou associé non gérant : pouvoirs limités.	Conseil d'administration nommé par l'assemblée générale de trois à douze personnes qui désigne parmi ses membres le président-directeur général et éventuellement le directeur général.	Un ou plusieurs gérants associés ou non.
Séparation du patrimoine personnel du patrimoine de l'entreprise	Non. Les deux patrimoines sont confondus.	Oui. Responsabilité limitée au montant de votre apport, sauf si vous apportez des garanties personnelles en cas d'emprunt.	Oui. Responsabilité limitée au montant de l'apport, mais les établissements de crédit peuvent exiger des garanties.	Oui. Responsabilité limitée au montant de l'apport.	Non. Les patrimoines sont confondus.
Coûts de constitution minimum	De 0 (professions libérales) à 750 F (artisan).	2 750 F.	2 750 F.	3 500 F, si capital minimum.	2 500 F minimum.
RÉGIME FISCAL :	Impôt sur le revenu de type progressif.	Impôt sur le revenu ou impôt sur les sociétés.	Impôt sur les sociétés (33,5 %).	Idem SARL.	Idem entreprise individuelle.
PROTECTION FISCALE :					
Cotisations sociales du dirigeant	En début d'activité : prise en charge de 30 % de la cotisation par l'État. Prises en charge en cas de difficultés de l'entreprise.	En début d'activité : prise en charge de 30 % de la cotisation par l'État. Prises en charge en cas de difficultés de l'entreprise.	Cotisations réduites et prise en charge de 30 % en début d'activité pour le gérant majoritaire, pas pour le gérant égalitaire ou minoritaire.	P-DG ou DG : régime des salariés.	Cotisations au régime des travailleurs indépendants.

* EURL = entreprise unipersonnelle à responsabilité limitée ; SARL = société à responsabilité limitée ; SA = Société anonyme ; SNC = société à nom collectif.

LES DIFFÉRENTS TYPES D'ENTREPRISES

J'ANALYSE LE DOCUMENT

5 ** En vous aidant du tableau de présentation des statuts juridiques, **résolvez les cas suivants :**

1. Julien Chapuis, salarié dans une entreprise de plomberie, souhaite se mettre à son compte, avec son neveu qui vient d'obtenir son CAP. **Quel statut juridique lui conseilleriez-vous d'adopter ? Argumentez.**

2. Deux amis ont gagné 600 000 F au loto. Ils désirent constituer une SA pour acquérir et exploiter un bar-tabac. **Est-ce possible ? Justifiez votre réponse.**

3. Dix cadres, licenciés par leur entreprise, décident de mettre en commun leurs indemnités pour reprendre une société en liquidation, d'un montant de 425 000 F. **Expliquez les deux possibilités qui s'offrent à eux.**

4. Annie Chabert, diplômée des Beaux-Arts, envisage d'ouvrir un atelier de poterie dans son village natal. Son mari lui conseille d'adopter le statut d'EURL. **Qu'en pensez-vous ?**

5. Monsieur Blanchard, commerçant, désire associer ses deux enfants à son activité, sans toutefois en perdre le contrôle et surtout sans que la constitution de la société lui demande un investissement important. **Quel statut juridique lui conseilleriez-vous ? Pourquoi ?**

JE M'ENTRAÎNE À L'ÉCRIT

LES ÉTAPES DE LA CRÉATION D'UNE ENTREPRISE

6 ** Deux frères, Henri et Jean Hugues, ont hérité d'un fonds de commerce de leurs parents, qu'ils ont décidé d'exploiter. Pour cela, ils veulent constituer une société. Ils se sont adressés au Centre de Formalités des Entreprises de leur département où ils ont été informés des différentes démarches à effectuer pour constituer leur société.

À vous de retrouver l'ordre dans lequel ils devront les réaliser.

a. Choisir une forme juridique.	1.
b. Constituer la société devant un notaire.	2.
c. Faire publier les statuts dans un bulletin d'annonces légales.	3.
d. Ouvrir un compte courant bancaire ou postal.	4.
e. Rédiger les statuts.	5.
f. Se faire immatriculer au registre de commerce et des sociétés.	6.
g. Verser les fonds.	7.

DOSSIER 6

LA FRANCHISE

À savoir

Le contrat de franchise permet à un entrepreneur de créer sa propre entreprise, tout en bénéficiant de la notoriété et du savoir-faire d'un réseau commercial le plus souvent bien implanté, en contrepartie du versement d'un droit d'entrée et d'un pourcentage sur le chiffre d'affaires. La durée de la franchise constitue l'un des éléments importants du contrat entre franchiseur et franchisé.

Voici l'avis d'un spécialiste :

DOC

La durée d'un contrat de franchise

Parmi les clauses essentielles, la durée est un point important.
Alain Cohen Boulakia, spécialiste de la franchise au cabinet Cohen, Thévenin & Charbit, donne ses conseils.

***Défis* : La durée d'un contrat de franchise est-elle fixée par une loi ?**
Alain Cohen Boulakia : Aucune loi n'impose une durée minimum. Elle est fixée conventionnellement par le franchiseur et le franchisé. Un contrat peut d'ailleurs être à durée indéterminée ou à durée déterminée.

***Défis* : Quelle est la formule la plus avantageuse ?**
A.C.B. : Les contrats à durée indéterminée peuvent paraître séduisants mais ils sont à proscrire ; le franchisé ne dispose d'aucune visibilité à moyen terme et n'est pas à l'abri d'une résiliation couperet.

***Défis* : Quelle est la durée idéale ?**
A.C.B. : Il n'existe pas de durée idéale. Au moment de signer, le futur franchisé doit vérifier que la durée de son contrat préserve l'équilibre financier de l'opération et lui permet d'amortir ses investissements. Autre point important : l'adéquation entre la durée du contrat de franchise et celle d'un éventuel bail commercial.

***Défis* : En quoi la durée est-elle importante pour juger d'un contrat de franchise ?**
A.C.B. : La durée d'un contrat constitue une toile de fond dans l'analyse de toutes les dispositions essentielles du contrat proposé. Dans une franchise de distribution par exemple, la durée du contrat devra être examinée à la lumière de la clause d'approvisionnement exclusif. Le flux d'achat-vente entre un franchiseur et son franchisé ne peut être connu à l'avance. Avec le temps, les produits vendus par le franchiseur risquent d'être moins performants, le franchisé peut être tenté par une diversification... Dans ce cas, plus la durée du contrat est longue, plus la clause d'approvisionnement exclusif est pénalisante.

***Défis* : Faut-il alors éviter les contrats de franchise trop longs ?**
A.C.B. : Pas de précipitation. Lorsque le contrat accorde l'exclusivité au franchisé, plus il est long, plus il protège les intérêts du franchisé. Le futur franchisé doit toujours faire attention aux interférences entre la durée et les autres dispositions d'un contrat. Les franchises sérieuses préféreront réaliser un équilibre favorisant la croissance de leur réseau et l'enrichissement de leurs franchisés.

***Défis* : Un contrat à durée déterminée a toujours une fin. Quelles sont les dispositions les plus fréquentes dans ce domaine ?**
A.C.B. : Attention aux contrats qui ne prévoient aucune clause de renouvellement. C'est la porte ouverte à toutes les négociations de la part du franchiseur. La plupart des contrats contiennent des clauses de tacite reconduction. C'est-à-dire la poursuite du contrat initial si aucune des parties n'est décidée à y mettre fin. En outre, le renouvellement pour une durée égale à celle du contrat initial est fréquemment réservé au franchisé qui a respecté ses obligations contractuelles durant la première période.

Propos recueillis par
Eric Béal

(d'après *Défis*, n° 136, février 1996)

LES DIFFÉRENTS TYPES D'ENTREPRISES

J'ANALYSE LE DOCUMENT

7* D'après cette interview, **indiquez si les affirmations suivantes sont vraies ou fausses :**

	VRAI	FAUX
1. Le contrat de franchise a une durée légale imposée par la loi.	☐	☐
2. Dans un contrat d'exclusivité, il est préférable pour le franchiseur de signer pour une courte durée.	☐	☐
3. Un contrat à durée indéterminée est intéressant pour le franchisé.	☐	☐
4. Il est important de tenir compte de l'aspect financier pour déterminer la durée du contrat de franchise.	☐	☐
5. Il n'est pas conseillé de faire coïncider la durée d'un bail commercial avec celui d'un contrat de franchise.	☐	☐
6. Il existe différents types de franchise.	☐	☐
7. Il est possible de déterminer à l'avance les quantités de marchandises fournies par le franchiseur.	☐	☐
8. Dans un contrat de distribution, il est préférable pour le franchisé de choisir une longue durée.	☐	☐
9. La clause de tacite reconduction est rarement prévue sur les contrats.	☐	☐
10. La reconduction du contrat pour une période égale à celle du premier contrat est assortie de clauses particulières.	☐	☐

JE COMMUNIQUE À L'ÉCRIT

CHANGEMENT DE SIÈGE

8* Vous travaillez pour les établissements Lansac Frères (15, place Victor-Hugo, 31800 SAINT-GAUDENS). Yves Lansac, le P-DG, souhaite communiquer à l'ensemble des clients :
– la nouvelle adresse : ZI de la Plaine, route d'Espagne, 31800 SAINT-GAUDENS, à partir du 1er septembre prochain ;
– les nouveaux numéros de téléphone : 05 61 89 25 14 et de fax : 05 61 89 25 16.
Le transfert des bureaux et des entrepôts a été décidé pour améliorer les services offerts aux clients. De plus, les établissements Lansac seront ouverts sans interruption de 8 heures à 16 heures tous les jours, du lundi au vendredi et de 8 h 30 à 12 h le samedi.

Rédigez la lettre que signera Yves Lansac.

DOSSIER 6

CARTON D'INVITATION

9 En raison du transfert des établissements Lansac Frères dans la zone industrielle de Saint-Gaudens, M. Yves Lansac invite ses clients et des personnalités de la région à l'inauguration des nouveaux locaux.

Complétez le carton d'invitation suivant :

À l'.................................. du .... des installations
des .... Lansac Frères dans la zone industrielle de la Plaine,
.... Saint-Gaudens,

Yves LANSAC
P-DG

a le .... de .... inviter à l'..............................
des .... locaux le 2 septembre prochain, à 18 heures.
.... sera suivie d'une réception.

RSVP
en précisant le ....
de personnes qui assisteront à
l'.................................. .

Tenue de ville
Tél. : 05 61 89 25 14
Fax : 05 61 89 25 16

---

10 Mme Charlotte Bugeot, directrice de la Chambre de Commerce et d'Industrie de Foix, répond à l'invitation de M. Lansac. Madame Bugeot sera accompagnée du président de la chambre.

Rédigez sa réponse sur une carte de visite.

11 M. Jean-Louis Jacquin, maire adjoint de Saint-Gaudens, s'excuse de ne pouvoir assister à l'inauguration en raison d'une visite commerciale au Canada.

Rédigez sa réponse sur une carte de visite.

LES DIFFÉRENTS TYPES D'ENTREPRISES

JE M'ENTRAÎNE À L'ÉCRIT

PETITE ANNONCE : OFFRE DE LOCATION

12 M. Lansac veut faire paraître une petite annonce dans le numéro de septembre de la revue *Initiatives* consacré à la région Midi-Pyrénées. Il a décidé de louer les bureaux du centre-ville de Saint-Gaudens pour un loyer mensuel de 5 500 F, charges comprises. Vous préciserez leur surface (90 m²) et insisterez sur les facilités d'accès et les possibilités de stationnement. Ces locaux, entièrement rénovés, seront libres à partir du 1er septembre.

Rédigez la petite annonce.

DOC

Vite ! une PA

CHOISISSEZ LA RUBRIQUE DANS LAQUELLE VOUS SOUHAITEZ PARAÎTRE :
Partenariat-Recherche associé-Financement-Recherche /offre de locaux-Recherche /offre de mobilier-Recherche /offre de matériel informatique-Bourse aux projets-Bourse aux inventeurs-Associations/bénévolat.

VOTRE RUBRIQUE

Votre annonce en 35 mots maximum.

Inscrivez ci-dessous votre adresse. Si celle-ci est différente de celle à paraître, merci de le préciser.

Nom	Prénom
Société	
Adresse	
Code Postal	Ville
Téléphone	Fax

Ce coupon-réponse peut-être découpé ou photocopié. Joignez un chèque de 40 Francs si vous êtes abonné, 90 francs si vous ne l'êtes pas. Pour les publicités commerciales, nous consulter.
Chèque à l'ordre de « Initiatives magazine » 29, promenade Venise-Gosnat - 94200 Ivry-sur-Seine.
Initiatives Magazine se réserve le droit de réduire sans préavis les textes de plus de 35 mots et de refuser le passage d'une annonce qui ne correspondrait pas à son éthique.
Les termes et expressions laissant espérer des gains rapides ou faciles seront systématiquement modifiés.

DOSSIER 6

13 **Établissez le chèque postal** correspondant à l'ordre de la revue *Initiatives* à laquelle M. Lansac n'est pas abonné.

DOC

```
LA POSTE
                    BPF _____        PAYEZ CONTRE CE CHÈQUE    BPF _____
                                                                  en lettres
                                       à
N° CCP pour virement  Lettre  Centre   N° CCP pour virement  Lettre  Centre
061 TOULOUSE         1 736 04 Y        À _____ le _____ 19___  SIGNATURE

ÉTABLISSEMENTS LANSAC FRERES           Compte n°  TOU 1 736 04 Y
Z.I. DE LA PLAINE                      Chèque n°  95 51 44 016 0   (86)
ROUTE D'ESPAGNE                        Tél.       05 61 10 34 45
31800 SAINT-GAUDENS
```

ACTIVITÉS LEXICALES

DOCUMENTS ÉCRITS DE L'ENTREPRISE

14 Trouvez la définition correspondant aux termes suivants :
circulaire - compte rendu - note de synthèse - procès-verbal - rapport

plus officiel qu'un compte rendu.

1. ...*procès verbal*... : relation officielle de ce qui a été dit ou fait lors d'une réunion, d'une assemblée.

2. ...*note de synthèse*... : document qui résume de façon opérationnelle des informations ou d'autres documents.

3. ...*circulaire*... : information reproduite en plusieurs exemplaires, généralement sous forme de lettre envoyée à un grand nombre de personnes.

4. ...*rapport*... : document qui analyse un problème ou une situation et propose une solution.

5. ...*compte rendu*... : relation objective du contenu d'une réunion à laquelle on a assisté.

LES DIFFÉRENTS TYPES D'ENTREPRISES

15 **Complétez les phrases suivantes** avec le mot ou l'expression qui convient :

1. Le groupe français Havas pense .... 25 % du capital de Contact's, une des plus grandes agences de relations publiques canadiennes.

acquérir - acquiescer - acquitter - requérir

2. L'assemblée générale des .... est prévue pour le deuxième lundi de janvier ; n'oubliez pas de réserver la salle du Novotel.

actionnaires - associés - partenaires - sociétaires

3. Pour se développer, une entreprise doit connaître ses potentialités, son .... et sa position par rapport à ses concurrents.

entourage - environnement - panorama - rayon

4. Les accords de partenariat signés entre l'IUP et certaines entreprises de la région devraient faciliter l'..................................... professionnelle des étudiants.

acceptation - adaptation - appartenance - insertion

5. Le recours à la .... devient de plus en plus fréquent pour résoudre des conflits graves au sein de l'entreprise.

médiation - méditation - mesure - pacification

6. Avant de démarrer une activité commerciale, il convient d'..................................... un certain nombre de formalités.

accepter - accomplir - obtenir - ouvrir

7. La plupart des associations françaises à but non .... sont régies par la loi de 1901.

économique - lucratif - ludique - onéreux

8. En cas de faillite frauduleuse, les dirigeants de l'entreprise sont .... de poursuites judiciaires.

passables - passibles - passifs - possibles

9. Dans une SARL, toute .... de parts sociales à des tiers est soumise à l'accord des associés.

cessation - cession - scission - session

10. Le développement du RER a contribué de façon décisive à l'..................................... des entreprises installées dans la grande banlieue de Paris.

ascension - envolée - essor - image

7 LA PRODUCTION

CONDITIONS DE PRODUCTION

Dans le Choletais, les confectionneurs jouent le circuit court

Au sud de Nantes, 150 entreprises fabriquent des vêtements pour le prêt-à-porter de luxe et la grande distribution. Leurs atouts : proximité et qualité.

Dans le Choletais, chaque village ou presque a son atelier. Et, avec 150 entreprises réparties entre la Vendée, le Maine-et-Loire et les Deux-Sèvres, cette région est devenue le premier pôle français de sous-traitance de l'habillement. Abandonnant les produits traditionnels (bleus de travail, tabliers, vêtements militaires...), elle s'est spécialisée dans le prêt-à-porter féminin haut de gamme (Dior, Kenzo, Mugler...) et, plus récemment, dans la production de vêtements en «circuit court» pour les chaînes de distribution.

«*Pourtant, régulièrement, la Commission de Bruxelles prédit notre mort*», plaisante Claude Tétard, patron de la Confection des Deux-Sèvres et roi du chemisier. Il est vrai que sous la pression conjuguée d'un marché déprimé, obligeant les distributeurs à renouveler souvent leur offre tout en serrant leurs prix, d'une part, et de la concurrence des pays à bas coûts de main-d'œuvre, d'autre part, plus d'un façonnier a dû déposer les armes. Rien qu'en Vendée, leur nombre a chuté de 80 à 46 en dix ans, soit une suppression de plus de 4 000 emplois.

En revanche, ceux qui ont survécu à la tempête ont retrouvé le sourire. «*Revenez dans dix ans, nous serons toujours là !*» claironnent en chœur Claude Tétard et Alain Moreau, qui travaillent à plus de 60 % pour l'exportation. En juin dernier, une dizaine de ces fils de chouans[1] au caractère bien trempé sont partis pour une tournée des plus grands créateurs britanniques, très en vogue aujourd'hui. Et ils sont tous revenus avec des commandes. [...]

Mais quel intérêt un styliste londonien peut-il avoir à faire fabriquer ses collections par des petits «Frenchies» éparpillés quelque part au sud de Nantes et dont les coûts de main-d'œuvre sont 20 % plus chers que ceux des sous-traitants anglais ? Le même que les Kenzo et Christian Lacroix, autres fidèles clients du Choletais : les façonniers vendéens peuvent leur faire de toutes petites séries (entre 50 et 200 pièces) et dans des délais imbattables (quatre semaines en moyenne). «*En Angleterre, la majorité des sous-traitants de vêtements se sont alliés avec la grande distribution [...], investissant dans des structures de production lourdes, conçues pour les gros volumes*», explique Henri de l'Espinay.

Les couturières sont payées 5 % au-dessus du Smic

Ce n'est pas tout. Les Vendéens, qui ont misé très tôt sur le prêt-à-porter féminin haut de gamme, ont acquis un savoir-faire que ni les ateliers (souvent clandestins) du Sentier[2], ni ceux délocalisés au Maghreb ou en Europe de l'Est ne peuvent garantir. «*En 1986, pour ne pas perdre certains clients qui voulaient serrer leurs prix et baisser en gamme, j'ai racheté un atelier de 100 personnes sur l'île Maurice*, raconte Alain Moreau. *Chaque employé me revenait à 200 francs par mois, mais jamais une poche n'était en face de l'autre !*»

En 1992, Moreau a rapatrié toute sa production. Aujourd'hui, il ne jure plus que par le service rapide au client et par la compétence inégalable de ses couturières. «*Dommage que nous ne puissions pas les payer plus*», avoue Annick Cousseau, dont l'entreprise de 125 personnes (21 millions de chiffre d'affaires) travaille en circuit court (huit jours) pour les enseignes de mode enfantine. Dans la confection, les salariées sont payées 5 % au-dessus du Smic. Pourtant, même à ce tarif, les coûts de main-d'œuvre représentent plus de 40 % du chiffre d'affaires. En outre, ces emplois, à la fois pénibles et techniques, ont une mauvaise image. Résultat : les petits patrons du Choletais ont du mal à recruter. «*J'ai refusé un client qui aurait pu augmenter mes ventes de 30 %, car je n'ai jamais trouvé les 20 filles nécessaires*», raconte Marie Pirsch (50 personnes, 9 millions de chiffre d'affaires), qui fabrique pour Dior et Saint-Laurent.

Nathalie Villard

(d'après *Capital*, n° 52, janvier 1996)

1. Chouans : insurgés royalistes de l'Ouest de la France (Bretagne, Normandie, Maine, Anjou) qui menèrent une guerre de partisans contre la Révolution à partir de 1793.
2. Le Sentier : quartier de Paris où se trouvent la plupart des ateliers de confection travaillant pour des maisons de couture.

LA PRODUCTION

J'ANALYSE LE DOCUMENT

1 A. **Complétez, à l'aide du texte, la fiche de synthèse ci-dessous.**

1. Trouvez un autre titre à ce texte.
2. Quelle est l'importance de la région de Cholet dans l'industrie textile française ?
3. Comment a évolué la production ?
4. Quelle a été la dernière adaptation ?
5. Quelles sont les raisons des difficultés du secteur ?
6. Quels chiffres traduisent ces difficultés ?
7. Quel est l'état d'esprit de Claude Tétard et d'Alain Moreau ?
8. Quel a été le résultat de leur voyage de prospection en Grande-Bretagne ?
9. Quels sont les handicaps de ces petits industriels ?
10. Quels sont leurs atouts ?
11. Pourquoi les sous-traitants anglais ne peuvent-ils plus répondre aux demandes des stylistes ?
12. Par quoi les sous-traitants vendéens se différencient-ils de leurs concurrents ?
13. À quoi est dû l'échec de la tentative d'Alain Moreau de délocaliser sa production ?
14. Que regrette Annick Cousseau ?
15. Quel est le problème des patrons du Choletais ?
16. Quelles sont les raisons de leurs difficultés ?

B. D'après le texte, et selon vous, **quels sont les attraits et les inconvénients de la délocalisation de la production industrielle dans les pays en voie de développement ?**

ACCIDENT DE TRAVAIL

À savoir

Un accident de travail sur trois est dû à des manutentions. Toutes les activités (industries, commerces, hôpitaux...) sont concernées par le risque d'accidents de travail qui en résulte.

DOC

Ampleur des risques

- Accidents avec arrêt de travail : 233 863
- Accidents avec incapacité permanente : 15 854
- Accidents avec décès : 20
- Journées perdues par incapacité temporaire : 7 907 230
- Coût de réparation : 5 600 000 000 F

- Plus de 50 % des accidents du travail ont lieu dans des entreprises de 1 à 50 salariés. La métallurgie, le bâtiment, les transports, les industries alimentaires, les commerces et les industries du bois sont particulièrement concernés.
- Dans 50 % des accidents, il s'agit de plaies, fractures ou contusions. Et dans 36 %, ce sont des hernies, lumbagos ou déchirures.

(d'après *Défis*, n° 129)

JE M'ENTRAÎNE À L'ÉCRIT

2 Écrivez en toutes lettres les chiffres figurant dans les statistiques ci-dessus.

DOSSIER 7

PRODUIT

CYCLE DE VIE

À savoir

Le concept de vie, qui veut qu'un produit naisse, vive et meure comme un être vivant, est schématisé par une courbe en «S» comportant quatre phases différenciées. Tous les produits ne suivent pas cette courbe de vie «idéale». La longueur ou l'importance des phases peut varier sensiblement. Néanmoins, ce concept reste fiable et n'est pas remis en cause.

DOC

(courbe en S du volume des ventes — selon les produits)

	Lancement	Croissance	Maturité	Déclin
CROISSANCE DES VENTES 1	a) forte, décollage des ventes	b) négative	c) lente, niveau des ventes très faible	d) plafonnement des ventes à un niveau élevé
CONCURRENCE 2	a) oligopolistique	b) monopolistique	c) oligopolistique, mais le nombre des concurrents diminue	d) monopolistique
RENTABILITÉ 3	a) forte	b) moyenne puis faible	c) négative	d) moyenne, de plus en plus forte
PRODUIT 4	a) segmentation du marché	b) mise au point du produit, gamme étroite	c) production en grande série, extension de la gamme	d) réduction des gammes
DISTRIBUTION 5	a) intensive	b) extension de la distribution	c) sélective et spécialisée	d) limitée : exclusive ou sélective, mise en place du produit
PRIX 6	a) baisse des prix, promotion par les prix afin d'écouler les stocks	b) baisse des prix (forte concurrence)	c) prix élevé (écrémage) ou bas (pénétration)	d) tendance à la baisse des prix, large gamme de prix
COMMUNICATION 7	a) rôle informatif **Objectif** : écouler les stocks **Techniques** : peu de publicité par les médias, maintien des actions promotionnelles	b) rôle informatif **Objectif** : faire connaître le produit **Techniques** : publicité par les médias, échantillonnage	c) rôle informatif et persuasif **Objectif** : créer une préférence pour notre marque **Techniques** : publicité intensive par les médias, actions promotionnelles	d) rôle de fidélisation de la clientèle **Objectif** : accroître le taux d'utilisation du produit **Techniques** : publicité par les médias, promotion sur les lieux de vente

(d'après *Mercatique*, de Delmarquette, coll. «Plein Pot», éd. Foucher)

J'ANALYSE LE DOCUMENT

3 Remettez dans l'ordre les cases horizontales du tableau ci-dessus afin de retrouver les caractéristiques de chacune des différentes phases qui constituent le cycle de vie d'un produit.

LA PRODUCTION

CONDITIONNEMENT

> **Le lait et le design**
>
> Depuis .... années, le marché du lait se bagarre avec acharnement sur le terrain du design. Il se réveille aujourd'hui d'une .... période d'assoupissement qui a failli faire mourir d'ennui ce produit si ....
>
> **Rétrospective**
>
> Avec les années 70, les consommateurs découvrent le conditionnement en brique (Tetrapak et ses concurrents). Il est hygiénique, ..., pratique à ranger en palettes. Tant pis si les clients se cassent les doigts à ouvrir l'emballage et si sa forme .... suscite, du fait du ralliement de toutes les marques à ce conditionnement, une monotonie .... dans les rayons. Les ventes régressent sérieusement. En 1986, Candia, la marque leader, réagit. Dans son plan de sauvetage, innovation, communication et design se conjuguent pour faire remonter les ventes. C'est dans un .... temps le retour de la bouteille : ce «volume», études à l'appui, apparaît plus «..................» pour contenir du lait. Surmontant les contraintes .... à la production .... les designers créent la .... bouteille d'1,5 l avec une poignée. L'innovation est un succès : + 40 % de ventes en deux ans, et une réaction .... des concurrents qui, à leur tour, relancent la bouteille.
>
> Le design est le maître d'œuvre de cette .... «symbolique» (santé, esthétique...) que véhicule la bouteille de lait. Mais de copie en suiveurs, les packagings finissent à nouveau par se ressembler. À nouveau, Candia contre-attaque, en ajoutant à la brique de lait une innovation .... : un système de bec .... qui change la vie du consommateur. Ce marché, qui dormait, pèse quand même une douzaine de milliards de francs. Les designers n'ont pas fini de chercher à faire la différence...

(d'après CCIP - *Le Nouveau Courrier*, n° 40, novembre 1995)

J'ANALYSE LE DOCUMENT

4 Complétez cet article à l'aide des adjectifs ou participes suivants :

banal - fonctionnel - grandissante - immédiate - industrielle - liées - longue - naturel - nouvelle - premier - première - quelques - rectangulaire - technique - verseur

DOSSIER 7

QUALITÉ

QUALITÉ TOTALE

LE CONSOMMATEUR

Il n'accepte plus qu'on le gave comme une oie avec des discours de bateleurs. Il veut maintenant comparer, choisir en connaissance de cause, et exige la «qualité».

Le maître mot est lâché depuis déjà des lustres dans les sphères du management. Les Japonais, traumatisés par l'image que leurs produits ont laissé traîner avant-guerre dans le subconscient de leurs clients étrangers, ont réagi les premiers pour effacer leur fâcheuse réputation.

La logique de la valeur qualitative des produits fait son chemin dans toutes les sociétés industrielles. *«La compétitivité naît de la capacité de l'entreprise à accroître cette valeur tout en réduisant son coût d'obtention.»* C'est à démontrer ce théorème que se consacrent Pierre Jocou et Pierre Meyer*. Le premier a fait ses classes chez Renault et le deuxième à L'Oréal avant de devenir consultant international. Le prix de leur analyse tient justement au fait qu'ils peuvent témoigner de leur expérience.

Après avoir, par touches successives, expliqué à quel point le client devait figurer *«au centre de l'entreprise»*, devenir *«le moteur de l'amélioration continue»*, et ce que cela impliquait dans la stratégie de la firme, nos auteurs consacrent la partie la plus attachante de leur recherche à la mutation culturelle que cette attitude d'esprit implique.

L'idée de base est celle-ci : ce ne sont pas les machines, ce sont les hommes qui font le progrès. Et progresser dans la complexité, c'est résoudre des contradictions en acceptant l'idée qu'il n'y a pas une solution intrinsèquement meilleure que toutes les autres.

Ce qui est sûr, c'est que le management par la qualité totale déplace l'objet de l'entreprise du produit vers l'organisation. On vise un système, non un modèle, car aucun ne peut satisfaire à toutes les nécessités et contraintes de l'entreprise. Le but est de déployer les objectifs stratégiques pour donner à chaque collaborateur les indications qui lui permettent de se mettre en position de les atteindre.

RECONNAÎTRE L'EXPERTISE

Le rôle des managers est de s'assurer que la valeur produite par chacun des processus contribue à la bonne marche de l'entreprise. La fonction hiérarchique n'est pas abolie, mais elle ne se limite plus à l'exercice du contrôle et de l'autorité. La capacité à convaincre n'est pas une exigence nouvelle mais, à l'inverse de la direction par objectifs, cela suppose que le «quoi faire» soit toujours transformé en «comment faire» précis, quantifié et planifié.

L'implication de tous les collaborateurs nécessite un système de motivation moins classique que les primes et la promotion hiérarchique. On peut penser à mieux reconnaître l'expertise, à valoriser les changements efficaces, les suggestions porteuses de progrès des individus et des groupes. Mais qui pousserait son effort s'il avait pour résultat de conduire au chômage ?

Pierre Drouin

---

* Pierre Jocou et Pierre Meyer, *La Logique de la valeur*, éd. Dunod, 186 p., 128 F.

(d'après *Le Monde*, n° 15 996)

J'ANALYSE LE DOCUMENT

5 **Résumez le texte en une dizaine de lignes,** en mettant en avant les principes sur lesquels repose le concept de «qualité totale».

6 Retrouvez, dans le texte, les expressions équivalant à :

1. Avance, progression :	6. Période de cinq ans : ....
2. Changement :	7. Programmé : ....
3. Développer :	8. Savoir-faire : ....
4. Éliminée :	9. Sciemment : ....
5. En soi :	10. S'est formé : ....

LA PRODUCTION

ENVIRONNEMENT

JE M'ENTRAÎNE À L'ÉCRIT

7 **Retrouvez dans la grille suivante** dix termes se rapportant à l'impact négatif de la production sur l'environnement. Exemple : déchet, désertification, surexploitation...
**

R	A	C	O	N	T	E	R	U	N	C	O	R	S	A	N	O	L
V	E	R	S	I	O	N	P	A	C	I	F	I	Q	U	E	U	R
T	N	O	I	T	A	C	I	F	I	T	R	E	S	E	D	A	P
N	O	I	T	A	T	I	O	L	P	X	E	R	U	S	A	M	I
U	A	D	E	C	H	A	R	G	E	S	S	E	U	R	O	R	B
I	M	E	B	A	H	F	X	A	S	S	O	S	S	E	U	L	E
S	X	C	A	U	C	C	A	S	I	O	N	I	D	C	O	M	I
A	P	H	I	O	Z	Y	M	P	E	C	A	D	C	H	A	S	E
N	V	E	N	B	L	V	Y	I	I	X	E	U	N	A	N	A	B
C	F	T	O	N	I	U	E	L	S	C	J	S	K	U	P	D	O
E	N	S	I	S	D	E	G	L	L	F	O	U	G	F	U	E	W
S	H	A	T	M	E	V	K	A	W	I	W	X	U	F	O	I	E
H	C	T	U	P	L	I	R	G	U	I	T	A	R	E	Z	T	Y
Q	U	O	L	A	D	L	C	E	O	B	N	U	I	M	O	R	X
U	S	W	L	I	C	Y	N	I	B	O	U	T	R	E	F	A	I
D	E	F	O	R	E	S	T	A	T	I	O	N	T	N	T	B	R
E	C	O	P	O	G	I	E	Z	I	R	X	L	J	T	I	E	S
S	I	T	U	A	T	O	I	O	N	N	I	T	O	U	R	D	E

8 À l'aide des mots trouvés dans la grille ci-dessus, **présentez en une dizaine de lignes vos**
** **réflexions** sur les méfaits que peut produire une industrialisation sans contrôle sur l'environnement. **Citez un ou plusieurs exemples** dans lesquels l'impact de certaines industries ou procédés a été très négatif pour la nature.

DOSSIER 7

ACTIVITÉS LEXICALES

9 **Complétez les phrases suivantes** par le mot ou l'expression qui convient :

1. PVC TUB a longtemps cherché un sous-traitant .... confier la fabrication de tuyaux plastiques.

à qui - à qui lui - avec lequel - pour

2. Le coût de la mise aux normes actuelles de l'atelier de peinture se .... à 700 000 F.

chiffre - porte - solde - valorise

3. Les révisions périodiques et .... des installations ont été confiés à une société appartenant au même groupe.

la confection - l'entretien - l'innovation - le maintien

4. Les commandes seront .... dans la limite des stocks disponibles.

conservées - honorées - perçues - recueillies

5. Les constructeurs automobiles européens sont pessimistes, les mesures prises par leur gouvernement respectif n'ont pas eu les effets escomptés : le nombre des .... stagne encore ce mois-ci.

enregistrements - immatriculations - inscriptions - matricules

6. Le dépôt de .... d'invention permet à une entreprise de bénéficier pendant vingt ans d'un monopole sur son produit.

brevet - diplôme - droit - titre

7. Votre service sera .... d'une imprimante laser avant la fin du mois.

bonifié - crédité - doté - loti

8. Nous avons le regret de vous informer que le fonctionnement de la machine à café livrée ce jour s'avère ....

défectif - défectueux - défiant - déficient

9. Les .... effectués auprès de nombreux consommateurs ont permis d'améliorer la qualité de nos potages lyophilisés.

entraînements - essayages - goûts - tests

10. Le .... Afnor, Association Française de Normalisation, garantit que le produit ou service a fait l'objet d'un contrôle de qualité rigoureux.

dessin - label - sceau - sigle

10 **Trouvez la définition correspondant aux termes suivants :**

procédé - procédure - processeur - processus

1. .... : formalités qui doivent être successivement remplies pour parvenir à un résultat déterminé.

2. .... : unité centrale d'un ordinateur pouvant exécuter les instructions du programme contenu dans la mémoire. Programme d'adaptation des programmes de traitement des données.

3. .... : moyen ou méthode qu'on emploie ou dont on dispose pour parvenir à un résultat.

4. .... : ensemble de phénomènes se déroulant dans le même ordre. Suite des différentes phases d'un phénomène.

LA PRODUCTION

JE COMMUNIQUE À L'ÉCRIT

RECHERCHE DE FOURNISSEUR

11 Complétez la lettre suivante :
**

CONSERVERIE LA BASQUAISE
25, quai du Fronton - 64500 SAINT-JEAN-DE-LUZ
Tél. : 05 59 88 12 01 - Fax : 05 59 88 14 22

Cartonnerie d'Aquitaine
Z.I. de l'Estuaire
33000 BORDEAUX

Objet : demande d'informations
PJ : un dépliant

St Jean de Luz, le 1er avril ...

Messieurs,

Notre entreprise vient de .... un marché important .... un distributeur de conserves de luxe de Chicago. C'est .... nous avons besoin d'un emballage particulier pour nos bocaux de soupe de poisson entre autres.

Votre cartonnerie nous a été .... par un de nos transporteurs. Nous aimerions .... vous rencontrer ou recevoir la .... d'un de vos représentants, afin de discuter des conditions .... lesquelles nous pourrions engager une .... commerciale.

.... avoir l'amabilité de contacter le plus .... possible notre directeur commercial, M. Michel Beaskoechea.

Vous trouverez .... un dépliant présentant l'ensemble de nos produits, qui vous permettra de préparer votre ....

Recevez, Messieurs, l'expression de nos .... distinguées.

Marie-José IPARRATEGUI
Directrice générale

Société à responsabilité limitée au capital de 150 000 F - RCS Pau B 451 648 290

---

12 **Rédigez la réponse de la Cartonnerie d'Aquitaine,** remerciant la Conserverie La Basquaise
*** et annonçant la visite de Margot Béchaux, représentante, pour le 17 avril prochain.

DOSSIER 7

CONTREFAÇON

DOC

ATTENTION
L'.................. de contrefaçon en France ou à l'..........................
est un acte grave

CONTRE L'EMPLOI
30 000 emplois .... pour
la France, 10 000 en Europe

CONTRE LES ÉTATS
Les contrefacteurs ne paient ni charges
........................., ni impôts, ni taxes ;
L'argent de la ....
nourrit les .... criminelles.

POUR .... SÉCURITÉ
Les .... contrefaisants ne
respectent pas les .... de
sécurité et peuvent porter atteinte
à votre santé.

POUR VOUS
Des .... sévères sont
prévues .... les détenteurs de
contrefaçon : confiscation, amendes,
prison, dommages, intérêts.

UNION DES FABRICANTS
Association rassemblant 800 marques à forte notoriété de tous les secteurs de l'industrie
16, rue de la Faisanderie - 75782 PARIS Cédex 16 - Tél. : 01 45 01 51 11 .... : 01 47 04 91 22

J'ANALYSE LE DOCUMENT

13 Afin de sensibiliser les voyageurs aux problèmes posés par la contrefaçon, l'Union des Fabri-
** cants (première association de lutte anti-contrefaçon) a édité un document dénonçant les
conséquences de cette fraude.
Certains mots du texte ont été effacés. **À vous de les retrouver.**

JE M'ENTRAÎNE À L'ORAL

14 **Commentez l'image ci-contre.**
**

15 **Imaginez la personnalité de ces deux détenus** et les circonstances qui les ont conduits en
** prison.

16 Sur ce modèle, **imaginez la conversation entre deux autres détenus** qui inclurait les
** éléments suivants :
- « Moi, petit délinquant, contrebande de cigarettes... »
- « Moi, industriel spécialisé dans la contrefaçon de produits de luxe... »

LA PRODUCTION

UN PEU D'HUMOUR !

- Moi, vol à main armée : 5 ans. Et toi ?

- Piratage de logiciels : 2 ans !

- Et comment t'es tombé ?
- On m'a donné.
- Tu sais qui ?
- Un concurrent ou un employé... Tu sais, tout le monde peut te dénoncer. On peut même t'accuser de complicité. Il y a simplement un numéro à appeler. Plus personne n'est à l'abri. Tu vois, le piratage, c'est du vol. Il faut utiliser les logiciels originaux. C'est tout.

J♥
LOGICIEL ORIGINAL

Si vous avez des doutes sur l'authenticité d'un logiciel, contactez BSA.

Tel. 01 43 33 95 95

8 LE MARKETING LA PUBLICITÉ

ANALYSE DU MARCHÉ

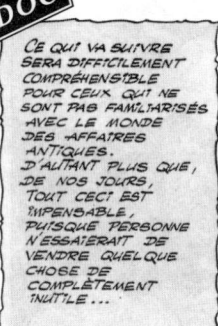

(Obélix et compagnie, © 1997 Les éditions Albert René / Goscinny-Uderzo)

LE MARKETING - LA PUBLICITÉ

> **À savoir**
>
> Le marketing ou la mercatique est défini(e), par le dictionnaire Le Robert, comme l'«ensemble des actions ayant pour objet d'analyser le marché présent et avenir d'un bien ou d'un service et de mettre en œuvre les moyens de satisfaire la demande ou, le cas échéant, de la stimuler ou de la susciter».
> Au fil des années, le marketing a pris une place de plus en plus importante dans les entreprises, grâce à des spécialistes formés aux techniques les plus modernes qui allient la psychologie, la sociologie, les statistiques... Comme dans tout secteur de pointe, le langage utilisé dans ce domaine n'est pas toujours immédiatement accessible à tous... pas même à Jules César !

J'ANALYSE LE DOCUMENT

1 ** Ce dernier aurait eu beaucoup moins de difficultés à comprendre l'exposé de la stratégie de Caius Saugrenus, pour introduire les menhirs gaulois sur le marché romain, s'il avait été familiarisé avec le «jargon» du marketing.

À vous de faire correspondre les termes employés par Caius Saugrenus avec les définitions suivantes :

a. action de communication limitée à une période précise en vue d'un objectif déterminé	1. absorber
b. action d'identifier un produit, une marque	2. besoin
c. action visant à personnaliser, dans l'esprit du consommateur, un produit (ou une marque) par rapport à la concurrence	3. campagne
d. anticipation, prévision	4. cerner
e. atteindre	5. cible
f. bien ou service susceptible de satisfaire un besoin ou un désir	6. clientèle
g. capable, qui peut éventuellement	7. consommateur
h. délimiter en définissant	8. créativité
i. ensemble d'acheteurs	9. créneau
j. ensemble d'objectifs opérationnels choisis pour mettre en œuvre une politique définie	10. demande
k. ensemble des marchandises disponibles	11. masse
l. grand ensemble de personnes	12. positionnement
m. état psychologique d'une personne qui ressent une insatisfaction	13. potentiel
n. objectif ou public visé dans une étude de marché	14. produit
o. partie d'un marché sur laquelle la concurrence est faible	15. prospective
p. personne qui utilise des biens ou des services en vue de satisfaire ses besoins	16. reconnaissance
q. capacité d'invention	17. stocks
r. quantité d'un bien ou d'un service que le consommateur est disposé à acquérir, sur un marché, à un prix et en un temps donnés	18. stratégie
s. virtuel, qui existe en puissance	19. susceptible
t. réduire, faire disparaître	20. toucher

DOSSIER 8

LE SONDAGE : UNE TECHNIQUE DE MARKETING

À savoir

Avant de se lancer dans des actions publicitaires souvent très coûteuses, il convient de connaître le profil, les goûts, les tendances des consommateurs. Le sondage est l'une des techniques les plus utilisées par les responsables marketing.

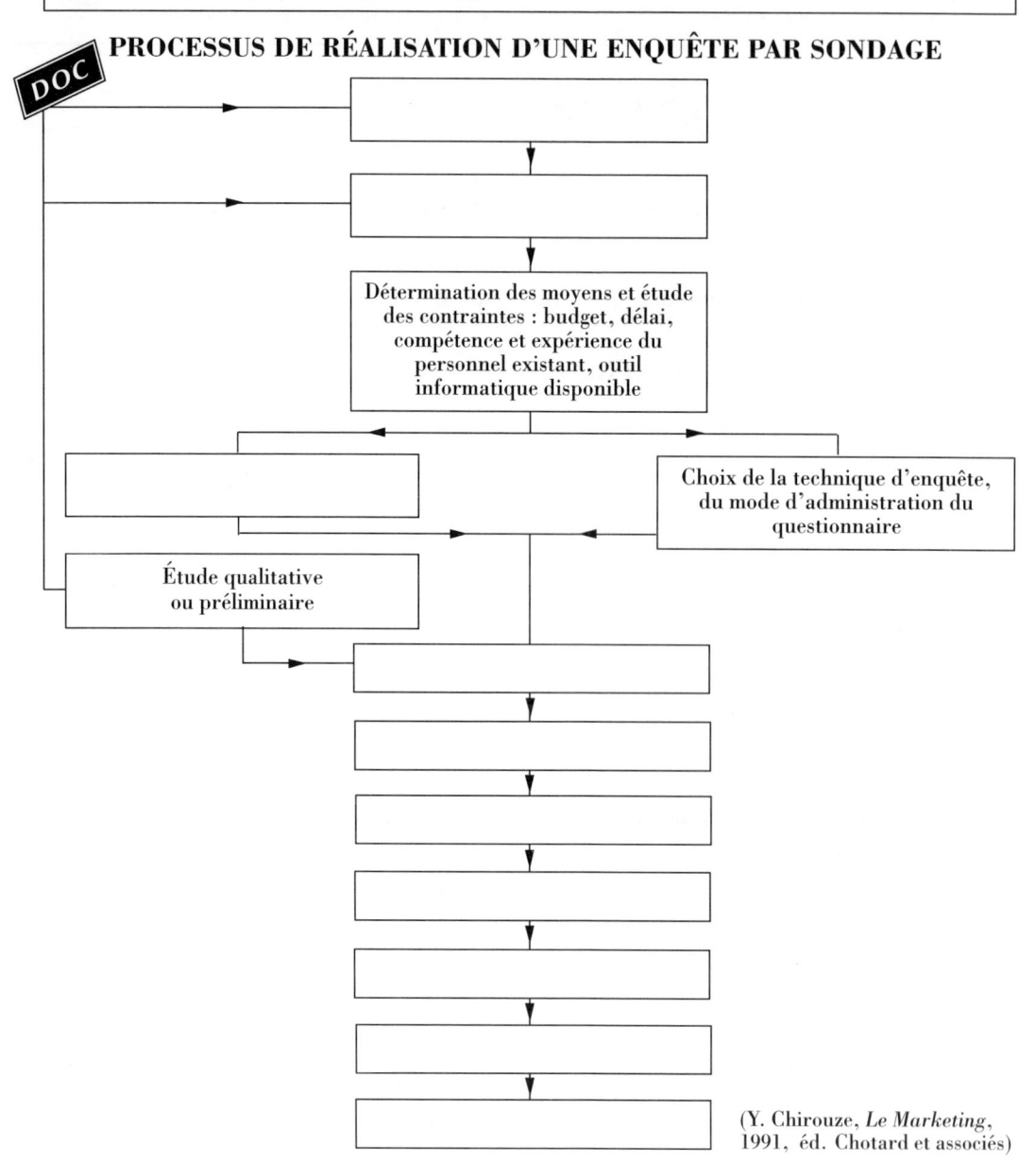

DOC — **PROCESSUS DE RÉALISATION D'UNE ENQUÊTE PAR SONDAGE**

[Schéma avec cases successives reliées par des flèches :]

- □ (case 1)
- □ (case 2)
- Détermination des moyens et étude des contraintes : budget, délai, compétence et expérience du personnel existant, outil informatique disponible
- □ (case à gauche) ← → Choix de la technique d'enquête, du mode d'administration du questionnaire
- Étude qualitative ou préliminaire
- □ (case suivante)
- □
- □
- □
- □
- □

(Y. Chirouze, *Le Marketing*, 1991, éd. Chotard et associés)

J'ANALYSE LE DOCUMENT

2. Retrouvez les différentes étapes de la réalisation d'une enquête.
***

Choix de la méthode d'échantillonnage - Définition des objectifs de l'étude - Dépouillement des résultats - Détermination de la population à étudier - Interprétation des résultats - Projet de questionnaire - Questionnaire définitif - Rapport final - Test du questionnaire - Travail «sur le terrain»

LE MARKETING - LA PUBLICITÉ

OBJECTIF : LE CONSOMMATEUR

ACTIONS PUBLICITAIRES

À savoir

> La publicité peut adopter différentes formes en fonction de l'objectif fixé par la politique marketing d'une entreprise (lancement d'un produit, renforcement de l'image de marque, augmentation des ventes...).

JE M'ENTRAÎNE À L'ÉCRIT

3 ** Voici la liste de différentes actions publicitaires. **À vous d'indiquer à quelle forme de publicité correspond chacune d'entre elles.** Attention, parfois une même action peut correspondre à différentes formes de publicité.

TYPE DE PUB / ACTIONS PUBLICITAIRES	de rendement	de lancement	directe	de prestige	collective
1. Trois articles pour le prix de deux					
2. Affichage massif					
3. Bon de réduction					
4. Campagne pour un produit régional					
5. Dégustation sur le lieu de vente					
6. Entrée gratuite pour un enfant accompagné de deux adultes					
7. Envoi de catalogue					
8. Lettre circulaire					
9. Mécénat d'entreprise					
10. Offre à durée limitée					
11. Parrainage d'une manifestation sportive					
12. Promotion d'un centre commercial					
13. Publi reportage					
14. Slogans réitératifs					
15. Distribution d'échantillons					

DOSSIER 8

SUPPORTS PUBLICITAIRES

À savoir

Radio, télévision, presse sont les supports les plus fréquemment utilisés par les publicistes pour leurs campagnes. La farouche concurrence que se livrent les grandes agences de publicité a fait émerger, depuis quelque temps, de nouveaux supports pour atteindre des publics très ciblés.

DOC

Huit médias originaux pour une campagne de pub mieux ciblée

	Description	Cible	Prix brut (sans remises professionnelles)
cartes téléphoniques	Affichette double face située à l'avant du chariot. Présence possible dans 750 hypermarchés et 4 000 supermarchés. **1**	Les 650 000 personnes qui reçoivent des tickets restaurant par leur entreprise. Couverture nationale. **1**	375 000 francs par an pour 450 chariots à Nice. Frais techniques : 65 000 francs la première année, 32 000 francs ensuite. **1**
chariots d'hypermarchés	Journaux lumineux dans les voitures du RER. Contenu : informations générales et transport, publicité (40 %). **2**	Variable selon la nature des informations fournies par le serveur. 70% de responsables d'achats informatiques sur ZD Net. **2**	5 735 francs par an pour trois écrans de pub derrière la flèche. 40 000 francs par mois pour un bandeau de pub aléatoire. **2**
tickets restaurant	Pages de publicité derrière la flèche du 11 et bandeaux de publicité à affichage aléatoire pendant la consultation. **3**	Étude en cours (6,5 millions de Minitel installés et 1,2 milliards de connexions par an pour l'annuaire). **3**	65 000 francs pour une présence dans les carnets de tickets pendant trois mois. **3**
journaux lumineux dans RER	Ticket supplémentaire en fin de carnet. L'annonceur ne doit pas être un concurrent d'un client de Ticket-Restaurant. **4**	Passagers et visiteurs des aéroports. Fréquentation : 12 % de dirigeants, plus de 40 % de cadres et cadres supérieurs. **4**	600 000 francs pour 1 million de télécartes. 960 000 francs pour 2 millions d'exemplaires. Minimum : 300 000 cartes. **4**
chariots d'aéroports	Espaces publicitaires sur les CD-Rom fournis chaque mois par certains magazines (exemples : SVM, CD Média...). **5**	2,2 millions de voyageurs environ par semaine. Phase test de mars à août 1996, suivie d'une étude d'impact. **5**	6 000 francs les 6 mégaoctets et de 1 500 à 2 000 francs la seconde vidéo (tarifs *SVM*). **5**
annuaire du Minitel	Bandeaux affichés en haut ou en bas de l'écran. En cliquant dessus, l'utilisateur arrive sur le site de l'annonceur. **6**	Ménagères de moins de 50 ans (la durée de visite dans un hypermarché est de 45 minutes en moyenne). **6**	De 40 000 à 80 000 francs (selon le serveur) pour un bandeau publicitaire sur 20 sites et la réalisation de 6 pages d'écran. **6**
Internet	Plaquettes en métal posées sur les chariots à Paris, Nice, Bordeaux et Marseille. Des possibilités aussi à l'étranger. **7**	Touche 80% de la population, dont 80% ont entre 15 et 50 ans ; 56% sont actifs ; 33% ont fait des études supérieures. **7**	350 000 francs pendant la phase test pour un spot de 20 secondes toutes les 15 minutes. 20 000 francs par semaine ensuite. **7**
CD-Rom	Télécarte de 50 à 120 unités, distribuées, au choix, au niveau régional ou national. **8**	Lecteurs du magazine équipés de PC. 2/3 des lecteurs de *CD Média* et *SVM* sont responsables d'achats informatiques. **8**	5 000 francs pour une affichette présente 14 jours sur 250 chariots dans la même grande surface. **8**

(d'après *L'Essentiel du management*, n° 11)

J'ANALYSE LE DOCUMENT

4 Lors de la mise en page de l'article, les informations figurant dans les différentes colonnes du tableau ont été déplacées. **À vous de les remettre en ordre.**

LE MARKETING - LA PUBLICITÉ

DOC
Que valent les supports de pub alternatifs ?

Alors que les médias classiques sont de plus en plus chers et encombrés, des médias publicitaires très ciblés séduisent les annonceurs.

Le support idéal pour toucher les ménagères de moins de 50 ans ? Au risque de surprendre, Coca-Cola ne répond pas «TF1», mais «les chariots d'hypermarchés». Pour promouvoir le nouveau packaging de sa boisson sans caféine auprès des mères de jeunes enfants, la marque a préféré le matraquage sur les Caddie de 1 000 grandes surfaces à une campagne télé. Moins onéreux et pourtant efficace : selon elle, les ventes ont progressé de plus de 10 %.

Pour de nombreux annonceurs, les petits supports médias, dont certains sont très récents (CD-Rom, réseau Internet, tickets restaurant), d'autres moins (Télécarte, chariots d'aéroports) n'ont rien de marginal. «Quand chaque entreprise cherche à optimiser son budget, choisir un média peu encombré est un moyen d'émerger à moindre coût», déclare Hubert Bro, directeur adjoint de la publicité de Canon, qui dirige une cellule de réflexion sur les supports multimédias au sein de l'Union des annonceurs. Un constat renforcé par les coûts prohibitifs des campagnes télévisées pour des audiences parfois déclinantes : selon une étude de l'agence Carat, l'encombrement publicitaire à la télévision a augmenté de près de 12 % entre 1993 et 1994 ; le nombre de marques est passé de 2 500 en 1991 à plus de 3 500 en 1995 ; l'audience des plus de 15 ans a diminué de sept minutes entre 1992 et 1994.

L'atout des nouveaux supports est de s'adresser à des publics assez ciblés. «Si un support ne touche que 40 000 personnes mais qu'elles appartiennent au cœur de la cible, c'est une solution intéressante, car chaque contact est utile et rentable», explique Nicolas Bordas, directeur général de l'agence BDDP.

Un message plus personnel sur Internet

Ainsi, la société Modulux, qui vend du matériel informatique, a passé, pendant deux mois, une publicité sur ZD/Net, un site Internet fréquenté à 70 % par des responsables d'achats informatiques. «Nous recevons quatre demandes de devis par jour et avons réalisé dix ventes depuis le début de l'opération», se félicite Farouk Hemraj, P-DG de la société. Pour être efficace, le message publicitaire doit être adapté au support choisi. «Sur Internet et sur les CD-Rom, il faut parler de façon plus personnelle et plus interactive», affirme Cécile Moulard, directrice de l'agence Carat Multimédia. Autre exemple : dans les aéroports, le slogan doit être direct, voire directif. «Go to Hertz», affichent ainsi les chariots de l'aéroport d'Amsterdam.

Sophie Dupuis

(d'après *L'Essentiel du management*, n° 11)

J'ANALYSE LE DOCUMENT

5 ** Vous êtes responsable du bulletin mensuel que la chambre de commerce et d'industrie de votre région adresse à ses membres et vous pensez que l'article ci-dessus peut intéresser certains patrons de PME et faire l'objet d'un compte rendu dans un prochain numéro.

Résumez l'article en mettant en avant les raisons de l'émergence de ces nouveaux supports publicitaires ainsi que leurs avantages par rapport aux médias traditionnels. À titre d'illustration, vous donnerez des renseignements concernant l'annuaire Minitel, les chariots de supermarché et les tickets restaurant (15 lignes maximum).

DOSSIER 8

ACTIVITÉS LEXICALES

PUBLICITÉ ÉCRITE

> **À savoir**
>
> Largement concurrencée par l'évolution des médias audiovisuels et informatiques, la publicité écrite ne demeure pas moins le support publicitaire privilégié de la majorité des PME.

6 Retrouvez, dans la liste, le terme correspondant à chacune des définitions suivantes :

affiche - brochure - catalogue - circulaire - dépliant - prospectus

1. .... : document qui donne la description et le prix d'un produit et en explique les avantages.

2. .... : liste paraissant sous forme de livret qui présente les produits accompagnés de leurs caractéristiques et de leur prix.

3. .... : imprimé publicitaire présenté sous la forme d'une feuille pliée en deux ou plusieurs fois.

4. .... : livret qui présente les produits de façon détaillée.

5. .... : imprimé adressé simultanément à de nombreuses personnes, le plus souvent par courrier.

6. .... : annonce publicitaire généralement placardée sur des espaces réservés à cet effet.

7 Complétez les phrases avec le mot ou l'expression qui convient.

1. L'un des facteurs clés de la réussite des entreprises consiste à être en .... avec le marché afin d'être capable de prévoir son évolution.

adéquation - équation - équilibre - réception

2. Après .... de ces dernières années, le marché des fours micro-ondes stagne.

l'explosion - la hausse - l'impact - la percée

3. Les campagnes de publicité sont souvent diffusées dans plusieurs pays afin d'en .... le coût sur un plus grand nombre de ventes.

amortir - diminuer - évaluer - solder

4. Selon le dernier indice de l'INSEE, la production industrielle dans son ensemble a .... de 1,3 %.

faibli - fléché - fléchi - infléchi

5. La .... téléphonique fait gagner du temps aux représentants lors de leurs déplacements.

perspective - présentation - prestation - prospection

LE MARKETING - LA PUBLICITÉ

6. Les vendeurs doivent faire .... régulièrement à la direction commerciale les informations recueillies sur le terrain.

remonter - rentrer - retourner - revenir

7. Les 13-25 ans sont la .... préférée des actions marketing des grandes marques de vêtements.

cible - pointe - victime - visée

8. De nombreuses entreprises ont été obligées de revoir à la baisse leurs .... publicitaires ces deux dernières années.

budgets - calculs - devis - taux

9. Certaines études de marché permettent de cerner de façon très précise le .... des consommateurs.

genre - modèle - profil - prototype

10. L'allongement de l'espérance de vie convertit le troisième âge en un .... de plus en plus intéressant pour le secteur touristique.

créneau - potentiel - projet - sujet

JE M'ENTRAÎNE À L'ORAL

PUBLICITÉ ORALE

8 ** Responsable d'une agence spécialisée dans la conception de messages publicitaires pour la radio, vous avez été contacté(e) par des entreprises qui souhaitent faire une campagne de lancement de leurs produits, sur les ondes.

On vous demande de concevoir trois messages radiophoniques, de 30 à 45 secondes chacun, pour les produits ou services suivants :

- l'ouverture du bureau d'une agence de travail temporaire dans la ville,
- une eau de cologne pour enfants,
- des barres énergétiques pour étudiants stressés à l'approche des examens.

N'oubliez pas de trouver un nom à chacun de ces produits ou services, ainsi qu'un slogan accrocheur !

(*Obélix et compagnie*, © 1997 Les éditions Albert René / Goscinny-Uderzo)

DOSSIER 8

JE COMMUNIQUE À L'ÉCRIT

LETTRE DE RÉCLAMATION POUR RETARD DE LIVRAISON

9 M. Bruno Bény, directeur commercial des Établissements Bény et Frères, fabricants de chaus-
** sures à Romans, attend depuis plus d'une semaine déjà des dépliants publicitaires commandés
à l'Imprimerie Montellos à Valence.

À vous de retrouver les quinze mots qui ont été effacés de la lettre qu'il adresse à l'imprimerie.

Ets Bény & Frères
ZI de l'Isère
26100 ROMANS
Tél. : 04 75 54 32 25 - Fax : 04 75 54 25 12

Imprimerie Montellos
77, rue des Alliés
26000 VALENCE

N/réf: .... du 12/4/...

Romans, le 25 avril ...

Monsieur,

Malgré mes différentes .... par téléphone, j'ai le .... de vous informer que les 3 000 .... commandés à votre représentant le 12 avril .... ne me sont .... pas parvenus.

Ce .... risque de me causer un grave préjudice car le Salon International de la Chaussure ouvre ses .... dans cinq jours. En effet, j'ai .... d'y faire distribuer ces dépliants par des hôtesses.

Je vous somme, ..., de faire le nécessaire afin que cette .... me soit livrée dans trois jours au plus tard.

Si ces documents ne me parvenaient pas avant l'....................... du salon, je me verrais obligé de .... demander réparation pour le .... subi.

......................., Monsieur, mes salutations.

B. Bény
B. BENY
Directeur Commercial

S.A.R.L au capital de 250 000 F - R.C. Valence 42 C 4534

LE MARKETING - LA PUBLICITÉ

RÉPONSE À UNE LETTRE DE RÉCLAMATION

10) M. José Montellos répond, par retour du courrier, à M. Bény.

* **Reconstituez le corps de la lettre** en reliant les deux parties correspondantes de chaque paragraphe.

Imprimerie Montellos
77, rue des Alliés
26000 VALENCE
Tél. : 04 75 68 90 34 - Fax : 04 75 68 92 56
S.A.R.L. au capital de 150 000 F   R.C Valence 36 D 3478

Ets Bény & frères
ZI de l'Isère
26100 ROMANS

V. Réf : V/ commande 12 avril ..

Valence, le 27 avril ..

Monsieur,

Nous accusons réception de

    directement à votre stand, avant l'ouverture du salon

Nous regrettons vivement ce retard

    nous nous sommes permis d'imprimer à nos frais 1 000 dépliants supplémentaires.

Nos techniciens travaillent sans relâche

    de nous honorer de vos ordres.

Soucieux de conserver votre confiance

    pour que votre commande puisse vous être livrée le plus rapidement possible.

Les 4 000 dépliants vous serons livrés dans 48 heures

    votre lettre du 25 courant.

Nous vous renouvelons toutes nos excuses

    l'expression de nos sentiments les plus dévoués.

Nous espérons

    pour ce malencontreux retard.

et que vous continuerez

    dû à une panne de scanner.

Veuillez agréer, Monsieur,

    que vous ne nous en tiendrez pas rigueur,

José Montellos

9 LA DISTRIBUTION - LA VENTE

DU PRODUCTEUR AU CONSOMMATEUR

*(Obélix et Compagnie, © 1997
Les éditions Albert René / Goscinny-Uderzo)*

À savoir

> La distribution est l'ensemble des opérations qui permettent d'acheminer un produit du lieu de fabrication jusqu'à la mise à disposition du consommateur ou de l'utilisateur.

JE M'ENTRAÎNE À L'ÉCRIT

CIRCUITS DE DISTRIBUTION

1 CIRCUIT COURT

* **Imaginez le circuit le plus court possible pour commercialiser 1 kg de cerises.**

☐ ――――→ ☐

2 CIRCUIT MOYEN

** **Complétez le schéma du circuit de distribution du pain.**

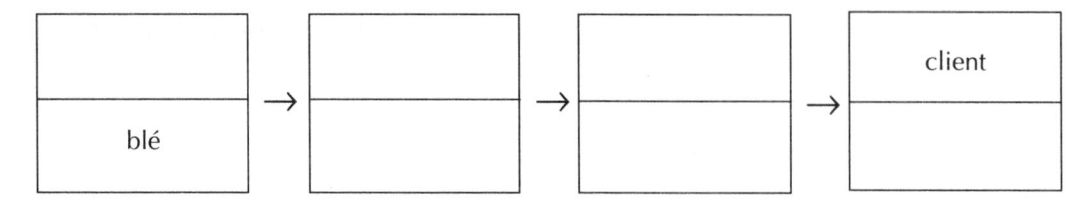

| blé | → | | → | | → | client |

LA DISTRIBUTION - LA VENTE

3 CIRCUIT LONG
** **Complétez le schéma du circuit de distribution** qui permet d'acheminer la viande jusqu'au consommateur final, à l'aide des mots suivants :

abattoir - boucher - chevillard - consommateur - éleveur

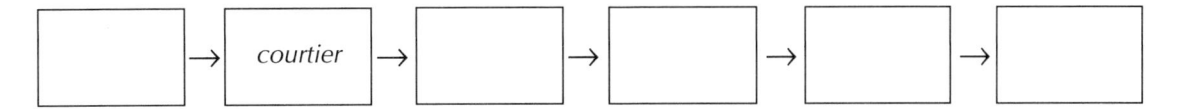

☐ → courtier → ☐ → ☐ → ☐ → ☐

Quels sont les inconvénients d'un circuit trop long pour le consommateur final ?

(d'après G. Guigot, *TP Vente Distribution* tome 1, éd. Casteilla, 1993)

LES DIX COMMANDEMENTS POUR BIEN ACHETER DANS LES GRANDES SURFACES

À savoir

Lorsque vous faites vos courses dans une grande surface, vous ne devez pas oublier que tout a été scientifiquement pensé et agencé pour vous inciter à acheter plus.

4 À partir des dix conseils suivants, **élaborez un décalogue pour dépenser moins dans les grandes surfaces** :
**

1. Les produits les moins chers sont toujours placés tout en haut ou tout en bas des rayons. Quant aux plus chers, ils sont à la portée de vos yeux et de vos... mains. → *Apprenez à vous baisser ou à vous mettre sur la pointe des pieds !*

2. À qualité souvent égale, les produits vendus sans marque sont de 20 à 30 % moins chers. → ....

3. Les emballages séduisants ne servent souvent qu'à augmenter les prix des produits. → ....

4. Aller au supermarché tous les jours ne fait que multiplier les tentations d'achats. → ....

5. Les fruits et les légumes de saison sont toujours les moins chers de l'étalage. → ....

6. Le meilleur élément de comparaison est le prix au kilo ou au litre. → ....

7. Les promotions exceptionnelles ont pour but de vous pousser à la consommation. → ....

8. Les produits vendus en vrac sont de 10 à 15 % moins chers que ceux vendus en sachet, pour une qualité souvent équivalente. → ....

9. Il est prouvé que les états euphoriques ou dépressifs favorisent les achats impulsifs. → ....

10. Avant d'aller faire vos courses, il est utile de dresser une liste... et de s'y tenir ! → ....

(d'après *Le Magazine de l'emploi,* n° 11)

DOSSIER 9

ACTIVITÉS LEXICALES

AGENTS DE LA FONCTION COMMERCIALE

> **À savoir**
>
> Le plus souvent, la vente ne se fait pas directement entre le producteur et le consommateur final. Des intermédiaires interviennent et leur statut professionnel varie, notamment en fonction de leurs liens éventuels avec une ou plusieurs entreprise(s).

5 À vous de retrouver le nom de la fonction commerciale correspondant à chacune des définitions suivantes :

agent commercial - commissionnaire - concessionnaire - courtier - mandataire - représentant (VRP)

1. .... : commerçant qui achète ou vend sous son propre nom pour le compte soit d'un producteur, soit d'un acheteur.

2. .... : personne à laquelle on a donné le droit d'agir en son nom.

3. .... : commerçant qui met en rapport un acheteur et un vendeur, mais qui n'agit pas en son propre nom.

4. .... : personne rémunérée sur le montant de ce qu'elle achète ou vend au nom et pour le compte d'un industriel ou d'un commerçant.

5. .... : personne qui a le droit exclusif de vendre les marchandises d'un producteur dans une zone déterminée.

6. .... : salarié d'un industriel, d'un grossiste, dont il visite la clientèle.

ÉTABLISSEMENTS DU COMMERCE INTÉGRÉ

> **À savoir**
>
> Depuis les années 60, le secteur de la distribution s'est profondément transformé avec l'apparition des grandes surfaces de vente du commerce intégré, en opposition au commerce indépendant isolé ou associé.

6 À vous de retrouver la définition de chacun des établissements du commerce intégré suivants :

grand magasin - hypermarché - magasin populaire - supérette - supermarché

1. .... : installés à la périphérie des villes, ces magasins de vente en libre-service offrent un vaste assortiment de produits essentiellement alimentaires à bas prix, sur des surfaces supérieures à 2 500 m². Il en existe 800, actuellement, en France sous les enseignes *Carrefour, Leclerc, Mammouth, Auchan*...

2. .... : le premier d'entre eux fut créé à Paris en 1852, sous l'enseigne *Au Bon Marché*. Ces établissements offrent en libre-service une gamme étendue de produits et de services, allant des produits de consommation courante aux produits de luxe. Très souvent, les rayons sont de véritables petits magasins spécialisés. Les plus connus sont *Les Galeries Lafayette, Le Printemps, La Samaritaine, Le Bazar de l'Hôtel de Ville (BHV)*...

LA DISTRIBUTION - LA VENTE

3. .... : d'une taille allant de 400 à 2 500 m², ces établissements peuvent être intégrés dans le centre des villes ; ils offrent des produits alimentaires et de grande consommation en libre service. Il en existe près de 7 000, dont les principaux sont *Intermarché, Promodès, Docks de France*...

4. .... : d'une surface inférieure à 400 m², ces magasins sont bien adaptés pour répondre aux besoins courants d'une clientèle de quartier.

5. .... : variante des grands magasins, ces établissements ont vu le jour dans les années 30 pour répondre aux besoins d'une clientèle durement touchée par la crise économique. Les magasins *Prisunic* font partie du groupe des *Galeries Lafayette* et les *Monoprix* de celui du *Printemps*.

7 Chassez l'intrus en justifiant votre réponse.
*
1. délégation - filiale - filière - agence

2. dommage - devis - estimation - évaluation

3. percevoir - recevoir - toucher - verser

4. acompte - arrhes - provision - prévision

5. payer - prêter - régler - solder

8 Trouvez le mot qui manque et employez-le dans une courte phrase.
**
Premier mot : ....

1. L'emploi du .... laser a révolutionné le monde de la chirurgie.

2. Le chef de .... d'une grande surface est responsable, entre autres, du réassortiment.

3. Après sa chute, le cycliste a passé un long moment à essayer de redresser les .... de sa roue.

4. ....
....

Deuxième mot : ....

1. De nos jours, de plus en plus de personnes vivent en .... de la société.

2. N'oubliez pas de laisser une .... pour la correction !

3. Les grandes surfaces maintiennent leur prix en réduisant leur .... commerciale.

4. ....
....

DOSSIER 9

Troisième mot : ....

1. Le .... automobile du Mans est l'un des plus connus d'Europe.

2. Le mauvais état du .... électrique a sans doute provoqué l'incendie.

3. La plupart des grands magasins sont surveillés par un système de .... fermé de télévision.

4. ....
....

TECHNIQUES DE VENTE

MÉTHODES DE VENTE

À savoir

La vente est une opération par laquelle le vendeur s'engage à livrer une marchandise déterminée et l'acheteur à en prendre livraison et à payer le prix fixé. L'ensemble des techniques utilisées par une entreprise pour vendre ses produits constitue les méthodes de vente.

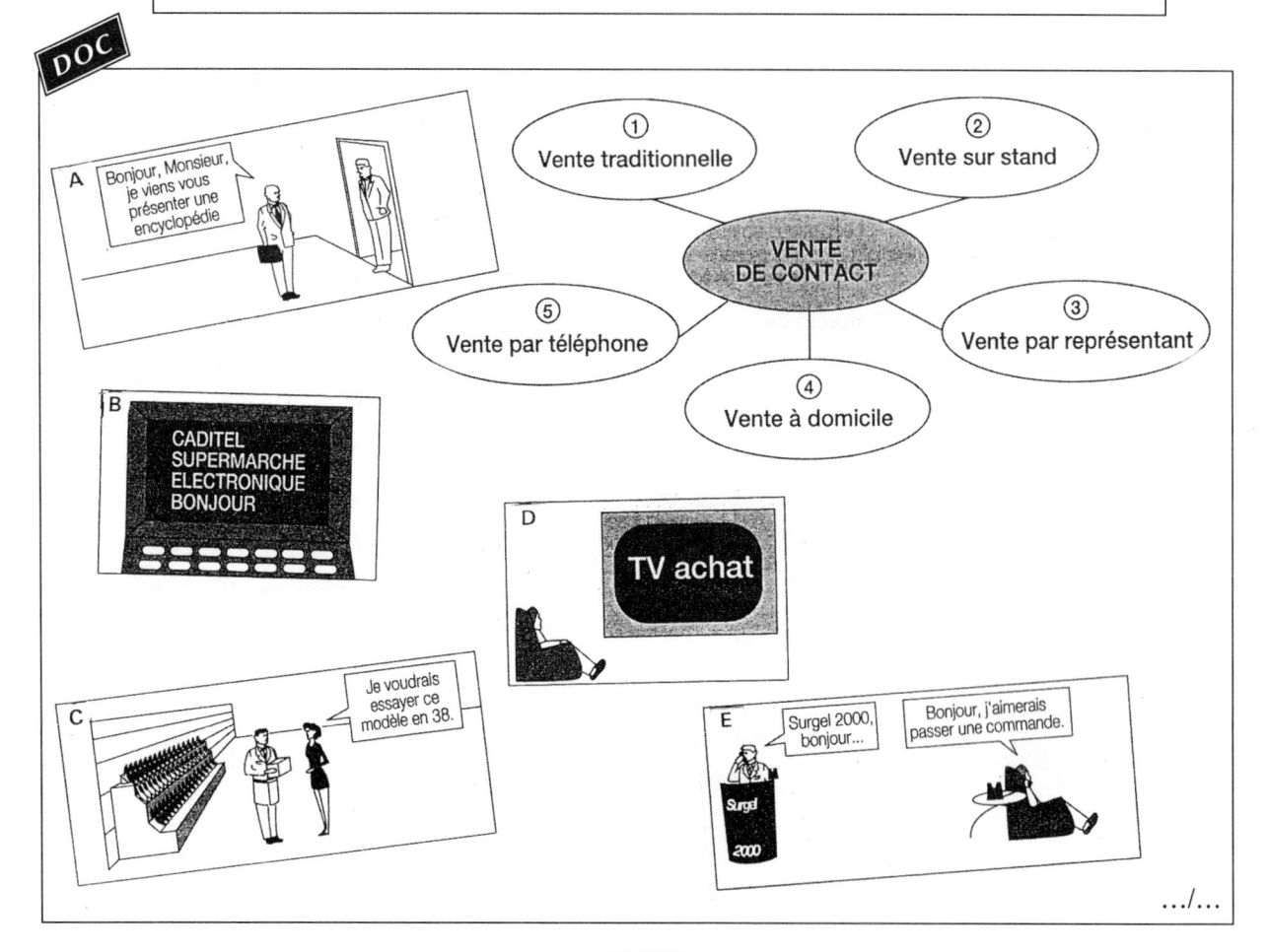

DOC

- ① Vente traditionnelle
- ② Vente sur stand
- ③ Vente par représentant
- ④ Vente à domicile
- ⑤ Vente par téléphone

VENTE DE CONTACT

A. Bonjour, Monsieur, je viens vous présenter une encyclopédie.

B. CADITEL SUPERMARCHE ELECTRONIQUE BONJOUR

C. Je voudrais essayer ce modèle en 38.

D. TV achat

E. Surgel 2000, bonjour... — Bonjour, j'aimerais passer une commande.

.../...

LA DISTRIBUTION - LA VENTE

.../...

- ⑥ Vente en libre service
- ⑦ Vente en libre choix
- **VENTE VISUELLE**
- ⑨ Vente par distributeur automatique
- ⑧ Vente en présélection

F — Les Bijoux Artisanaux — 5ᵉ foire des artisans

H — Chaussure Mode
« Bonjour Madame, que désirez-vous ? »
« J'ai vu un modèle en vitrine. »

G

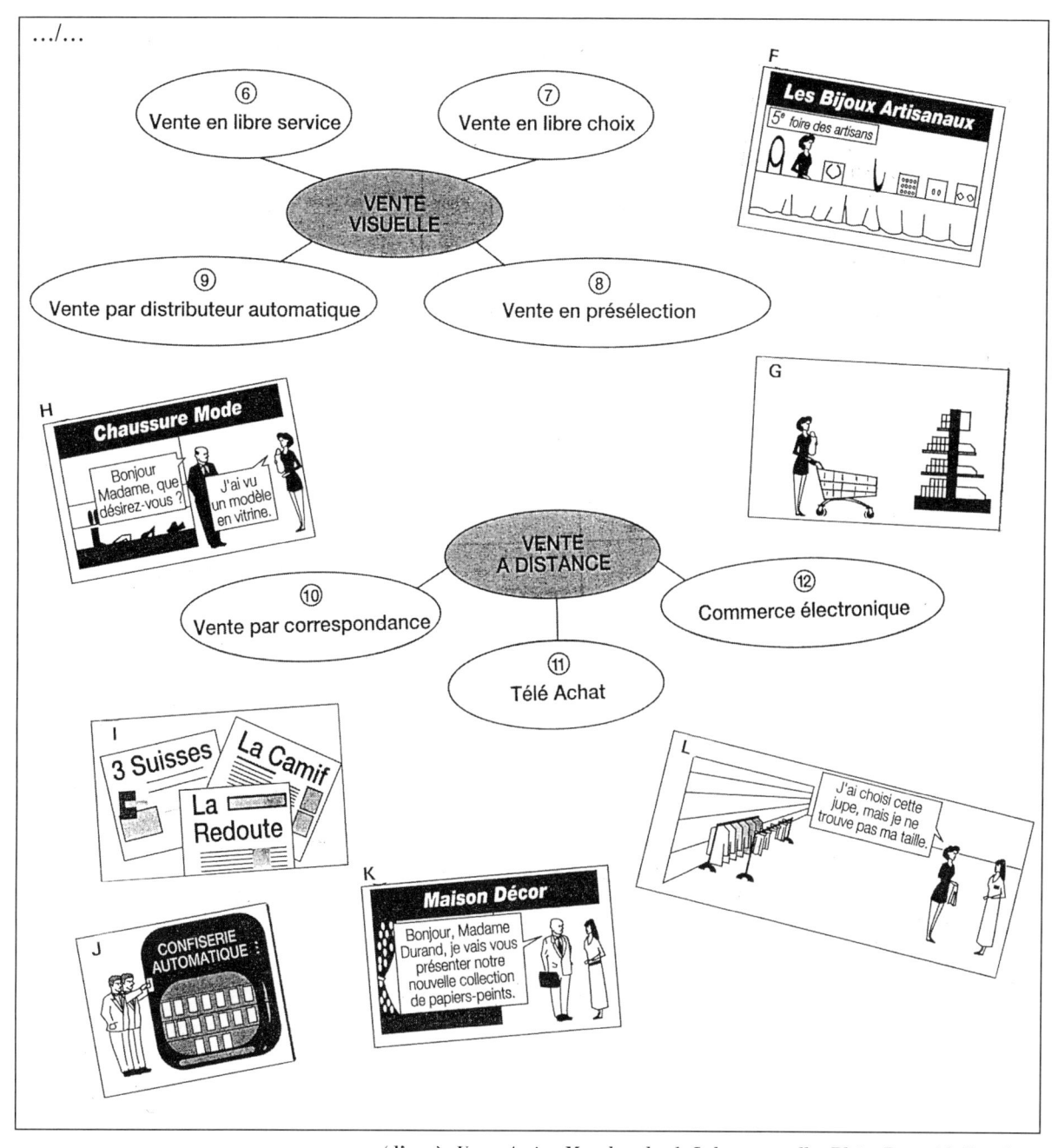

- **VENTE A DISTANCE**
- ⑩ Vente par correspondance
- ⑪ Télé Achat
- ⑫ Commerce électronique

I — 3 Suisses, La Camif, La Redoute

J — CONFISERIE AUTOMATIQUE

K — Maison Décor
« Bonjour, Madame Durand, je vais vous présenter notre nouvelle collection de papiers-peints. »

L — « J'ai choisi cette jupe, mais je ne trouve pas ma taille. »

(d'après *Vente Action Marchande*, de Leborgne, coll. «Pleint Pot», éd. Foucher)

J'ANALYSE LE DOCUMENT

⑨ Voilà un schéma représentant différentes méthodes de vente. **À vous de retrouver les vignettes correspondant à chacune des bulles.**

DOSSIER 9

LE PLAN DE VENTE

Comme tout bon professionnel, un vendeur sait ce qu'il doit faire et dire lorsqu'un client franchit le seuil de son établissement.

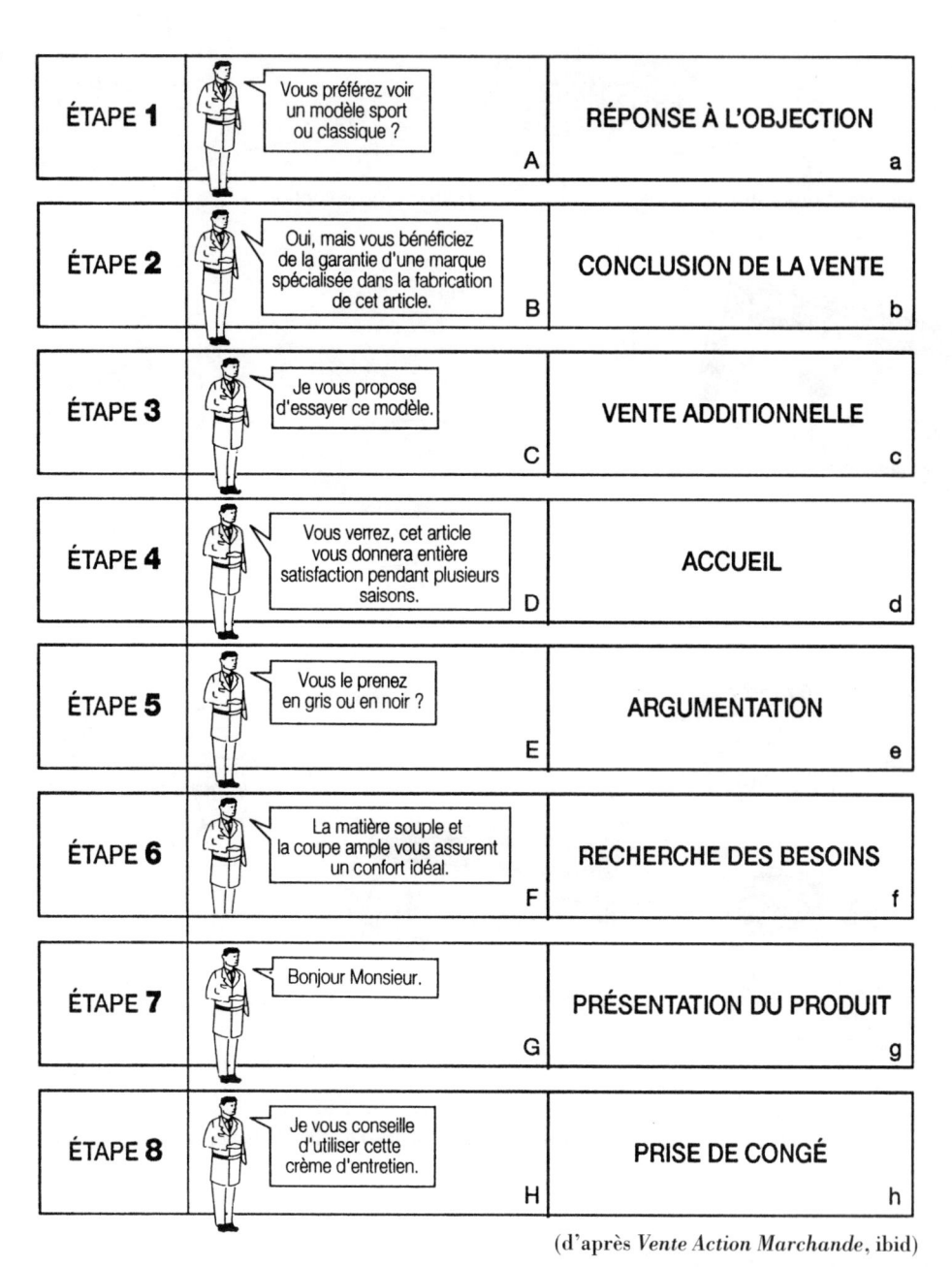

DOC

ÉTAPE 1	Vous préférez voir un modèle sport ou classique ? **A**	RÉPONSE À L'OBJECTION **a**
ÉTAPE 2	Oui, mais vous bénéficiez de la garantie d'une marque spécialisée dans la fabrication de cet article. **B**	CONCLUSION DE LA VENTE **b**
ÉTAPE 3	Je vous propose d'essayer ce modèle. **C**	VENTE ADDITIONNELLE **c**
ÉTAPE 4	Vous verrez, cet article vous donnera entière satisfaction pendant plusieurs saisons. **D**	ACCUEIL **d**
ÉTAPE 5	Vous le prenez en gris ou en noir ? **E**	ARGUMENTATION **e**
ÉTAPE 6	La matière souple et la coupe ample vous assurent un confort idéal. **F**	RECHERCHE DES BESOINS **f**
ÉTAPE 7	Bonjour Monsieur. **G**	PRÉSENTATION DU PRODUIT **g**
ÉTAPE 8	Je vous conseille d'utiliser cette crème d'entretien. **H**	PRISE DE CONGÉ **h**

(d'après *Vente Action Marchande*, ibid)

J'ANALYSE LE DOCUMENT

10 **À vous de retrouver l'ordre** dans lequel se déroulent les différentes étapes du plan de vente d'une paire de chaussures.

LA DISTRIBUTION - LA VENTE

LA VENTE À L'HEURE DE L'INFORMATIQUE

ÊTES-VOUS ÉQUIPÉ POUR MIEUX VENDRE ?

Les consommateurs sont de plus en plus sensibles à la modernité affichée par les commerçants qui utilisent massivement les nouvelles technologies : balances électroniques, imprimantes de chèques, fichiers de clientèle, terminaux de paiement sécurisé, logiciel de gestion des stocks. Autant d'outils qui améliorent le service rendu aux clients tout en optimisant votre activité. Alors, petits commerçants, dont la proximité et la qualité de service sont les principaux atouts, ne passez pas à côté de ces instruments. Aussi inaccessibles qu'ils puissent vous paraître, ils vous changeront la vie.

Terminaux de paiement
Efficacité et sécurité

Électronique et informatique ont fait évoluer la vente. Au-delà des simples fonctions de caisse enregistreuse, les terminaux point de vente (TPV) sont synonymes de multiples services. Parallèlement, les terminaux de paiement électronique (TPE) sont apparus, ils accélèrent et sécurisent le paiement. En quelques années, l'offre de TPV a décuplé et les fabricants développent des produits de plus en plus sophistiqués. Trois types de matériels sont aujourd'hui proposés. Le TPV de type caisse enregistreuse qui assure la transaction commerciale (paiement, affectation à un vendeur, à un mode de paiement) mais peut aussi, selon son évolution, tenir des statistiques et gérer les stocks. Sans compter qu'il est possible de lui adjoindre de nombreux accessoires, comme une imprimante de chèques, un clavier spécifique à l'activité du commerce, ou un crayon lecteur pour la lecture optique des codes-barres. Le TPV communicant remplit les mêmes fonctions et peut être connecté à un ordinateur.

Enfin, le TPV type micro-ordinateur est entièrement autonome, et ses fonctions dépendent du logiciel installé.

Éviter les impayés

De son côté, le TPE conquiert le petit commerce. Il simplifie l'encaissement, supprime l'exigence d'une pièce d'identité du client et surtout sécurise le paiement. Il existe deux types d'appareils. Les terminaux *on line* d'une part, qui, à chaque transaction, interrogent le fichier des cartes volées ou interdites pour obtenir l'autorisation d'encaissement. Les terminaux *off line* d'autre part, dont les données sont transmises quotidiennement et en une seule fois au centre serveur. Leur coût ? Une participation du commerçant qui peut aller jusqu'à 2 % du montant des transactions effectuées, le coût des connexions téléphoniques, enfin le TPE lui-même dont le prix à l'achat peut varier de 3 000 à 4 000 F pour un matériel simple, de 5 000 à 8 000 F si le volume de transaction est important.

À noter que le TPE peut aussi être loué ; les prix sont variables, votre agence bancaire vous donnera l'essentiel des informations.

(d'après *CCIP - Le Nouveau Courrier*, n° 40, novembre 1995)

J'ANALYSE LE DOCUMENT

11 Récrivez les expressions soulignées dans le texte sous forme nominale.
* Exemple : *faire évoluer la vente* → *évolution de la vente*.

12 En vous inspirant de l'article ci-dessus, décrivez, en une dizaine de lignes :
1. une balance électronique à ticket,
2. un télécopieur, répondeur-enregistreur.

13 Vous travaillez dans une entreprise de matériel informatique et vous avez été chargé(e) de vendre des TPE à des petits commerçants.
À partir de l'article précédent, **préparez l'argumentaire de vente que vous utiliserez dans vos démarchages.**

LES DOCUMENTS DE VENTE

JE M'ENTRAÎNE À L'ÉCRIT

14 **Complétez le texte suivant** à l'aide du nom des différents documents échangés entre un client et son fournisseur lors d'une opération d'achat-vente :

accusé de réception - avis d'expédition - bon de commande - bon de livraison - bon de réception - bulletin de commande - facture - facture d'avoir

Lorsqu'un client passe une commande, il peut utiliser soit un ...., à son en-tête, soit le .... que lui aura remis son fournisseur. Dans les deux cas, le client devra y faire figurer la désignation précise de la marchandise, son prix unitaire et, éventuellement, le mode de paiement, les conditions de transport, la date et le lieu de livraison... Dès réception du document, le fournisseur adresse à son client un .... et enregistre la commande. Lorsque les marchandises sont prêtes, il établit les documents d'expédition, c'est-à-dire l'........................, le ...., et, éventuellement, un .... Finalement, le service comptable établit une .... Le fournisseur peut être amené à établir une ...., en cas d'erreur de facturation, de retour de marchandises, d'une réduction de prix, etc.

LA FACTURE

> **À savoir**
>
> L'établissement d'une facture est obligatoire entre professionnels pour tout achat de produits ou toute prestation de services. Elle doit respecter les exigences légales et contenir un certain nombre de mentions obligatoires. Sa non-conformité peut entraîner de lourdes sanctions de la part des services de répression des fraudes.

LA DISTRIBUTION - LA VENTE

❶ SARL Durant
19, place de la Liberté
75018 Paris
Téléphone : 01 44 50 63 25
Télécopie : 01 44 50 63 27

SARL au capital de 100 000 F
RCS Paris B 334 001 816
❸ n° de TVA intracommunautaire : FR ....
❹ Paris, le 27 novembre

❷ SARL Verdier
10, rue de la République
75020 Paris

❸ n° de TVA intracommunautaire : FR ....

FACTURE N° 12452 ❺

Code	Désignation	Quantité	Prix unitaire HT	Taux TVA	Montant HT
	❻	**❻**	**❼**	**❼**	**❼**
B 760	Cartouche toner	2	480,00	20,6	960,00
M 880	Ramette papier blanc 80 g	5	25,00	20,6	125,00
A 170	Feutre noir	10	7,50	20,6	75,00
	❽ Remise de 5 %				58,00
				Total HT **❼**	1 102,00
				TVA **❼**	227,01
				Montant TTC	1 329,01

❾ Date de règlement : 31 décembre ...
❿ 0,5 % d'escompte par mois entier en cas de règlement comptant ou anticipé.
⓫ Conditions générales de vente.

☐ Le numéro de la facture.

☐ TVA intra-communautaire : vous devez mentionner votre numéro d'immatriculation et celui de votre client en cas de livraison intracommunautaire.

☐ Le nom et l'adresse de votre entreprise : n'oubliez pas de mentionner la forme juridique de la société, le montant du capital et le numéro d'immatriculation au registre du commerce et des sociétés.

☐ Le nom et l'adresse de l'acheteur : votre client ne pourra pas déduire la TVA si la facture n'est pas à son nom.

☐ La date de règlement.

☐ Les conditions générales de vente sont facultatives mais fortement conseillées sur la facture pour rappeler une éventuelle réserve de propriété et les pénalités dues par le client en cas de retard de règlement.

☐ Vous devez préciser :
- le prix unitaire HT de chaque produit.
- le total HT des produits soumis au même taux de TVA, si différents taux sont applicables.
- le total de la TVA par taux, si différents taux sont applicables,
- le montant total du prix HT, de la TVA et du prix TTC.

☐ La dénomination et la quantité précise des produits ou services : elle doit permettre d'identifier de manière précise le produit ou la prestation.

☐ Les conditions d'escompte applicables en cas de paiement à une date antérieure à celle résultant des conditions générales de vente.

☐ Les rabais, remises et ristournes connus ou acquis au moment de la vente ou de la prestation des services.

☐ La date de votre facture doit coïncider avec celle de la vente ou de la fin de la prestation du service.

(d'après *Défis*, n° 135, janvier 1996)

J'ANALYSE LE DOCUMENT

15 Un numéro a été assigné à chacune des différentes parties de la facture. **Reportez-le dans la liste ci-dessus devant l'explication correspondante.**

DOSSIER 9

ACTIVITÉS LEXICALES

LES RÉDUCTIONS DE PRIX

> **À savoir**
>
> Le prix des marchandises, biens ou services, peut être modifié pour différentes raisons. Le nom de ces réductions varie en fonction du motif pour lequel elles ont été accordées.

16 ** **Retrouvez le terme** correspondant à chacune des définitions suivantes :

escompte - rabais - remise - ristourne

1. .... : réduction accordée sur une somme déjà payée et, plus généralement, sur le montant total des achats auprès d'un même fournisseur effectués au cours de l'année.

2. .... : réduction accordée lorsque la vente porte sur une quantité importante de marchandises ou en raison de la qualité de l'acheteur.

3. .... : réduction accordée lorsque le paiement se fait au comptant ou avant la date d'échéance.

4. .... : réduction accordée sur des articles démodés ou en compensation d'un problème (défaut de fabrication, retard de livraison...).

17 ** **Complétez les phrases suivantes** par le mot ou l'expression qui convient :

1. Pour tout renseignement concernant nos produits, n'hésitez pas à appeler notre numéro .... qui figure sur l'emballage !

confidentiel - particulier - rouge - vert

2. Les autorisations d'ouverture de grandes surfaces sont .... à la décision des municipalités concernées.

assujetties - délivrées - données - soumises

3. Le bulletin est à retourner dûment rempli et signé, sous enveloppe dûment .... au service des abonnements.

affranchie - libellée - oblitérée - taxée

4. N'hésitez pas à signaler toute .... de fonctionnement de l'appareil à notre service après-vente !

anomalie - exception - modalité - tentative

5. En cas de panne, il est préférable de s'adresser à un réparateur ....

agréé - agrégé - officiel - officieux

6. Veuillez noter que notre représentant sera en mesure de vous présenter les .... de la collection printemps-été, dès le 1er septembre.

coloris - échantillons - étalages - pièces

LA DISTRIBUTION - LA VENTE

7. La mise en place d'un système de .... informatisé des commandes a demandé plusieurs mois d'études.

retour - service - stockage - suivi

8. Lorsque vous recevrez votre déclaration d'impôts, vérifiez que .... tienne compte des modifications survenues dans vos revenus.

l'assiette - la base - la fourchette - l'imposition

9. Nous allons tout mettre en œuvre pour atténuer les conséquences de ce .... incident.

fâché - fâcheux - fameux - regretté

10. Toute commande inférieure à 500 francs HT sera majorée d'une somme .... de 60 francs pour participation aux frais d'enregistrement, de facturation et de port par voie terrestre.

consignataire - forfaitaire - fortuite - réglementaire

ERREUR D'EXPÉDITION

JE M'ENTRAÎNE À L'ORAL

18 Noëlle Bourelly, opticienne (29, rue Aristide-Briand, 63000 CLERMONT-FERRAND) a reçu de
*** son fournisseur la société Lamure (74, rue Le Corbusier, 42100 SAINT-ETIENNE) la facture n° 258/97 pour un montant de 12 650,50 F. Lors de la vérification, il s'est avéré que la société Lamure n'a pas livré huit montures «Leonardo» qui ont été facturées, et qu'elle a livré seize montures «Pacific» au lieu des dix commandées. N. Bourelly appelle Pierre Gizzi, directeur commercial, pour, d'une part, lui demander de bien vouloir lui faire parvenir les montures manquantes et, d'autre part, lui dire qu'elle accepte de garder les six montures livrées en trop (non facturées) s'il lui consent un rabais de 5 %.
Jouez la conversation.

JE COMMUNIQUE À L'ÉCRIT

19 Noëlle Bourelly adresse un courrier à Pierre Gizzi pour lui confirmer leur conversation télé-
** phonique.
Rédigez la lettre à partir du plan suivant :
- Rappel de la conversation téléphonique
- Réclamation des huit montures «Leonardo» manquantes
- Rappel du rabais consenti (5 %) sur les montures «Pacific» livrées en trop
- Formule de politesse.

20 En réponse à la lettre de réclamation pour erreur d'expédition, **rédigez la lettre d'excuse de**
*** **la société Lamure.** Vous inventerez les mentions obligatoires préimprimées qui doivent figurer sur la lettre qui accompagne la facture d'avoir et qui annonce que les montures manquantes ont été expédiées, ce jour, par Chronopost.

10 LES FINANCES DE L'ENTREPRISE
L'argent : le nerf de... l'entreprise !

LES COMPTES DE L'ENTREPRISE

L'entreprise réalise de nombreuses opérations qui donnent lieu à des rentrées et des sorties d'argent, des recettes et des dépenses. Ces mouvements sont enregistrés par la comptabilité qui établit les documents financiers que l'entreprise doit fournir périodiquement pour rendre compte de son activité économique et de sa situation financière. Ces documents permettent à la direction de prendre des décisions à partir d'éléments objectifs et de rendre compte des résultats aux associés. Ils serviront aux banques pour apprécier la solvabilité de l'entreprise.

Les normes comptables françaises ont été fixées par le Nouveau .... comptable de 1979. Les deux principaux comptes que doit tenir l'entreprise sont le compte de résultat et le bilan.

Le compte de résultat décrit l'activité de l'entreprise au cours d'une période donnée, généralement l'exercice .... Il donne le résultat (bénéfice ou perte) de la période, obtenu par la différence entre les produits (+) et les charges (–).

Le bilan, quant à lui, permet de décrire toute la vie de l'entreprise. Il donne l'........................... de son patrimoine à une date donnée et indique l'origine des fonds reçus ainsi que leur .... Le bilan se présente sous la forme d'un .... à deux colonnes ; par ...., à gauche figure l'actif et à droite le passif.

On inscrit à l'actif tout ce que possède l'entreprise à la date du bilan. Il comprend deux éléments principaux :
– l'élément immobilisé, élément durable du patrimoine, comprend le fonds de commerce et les .... (immobilisations ....) et les bâtiments, les terrains, les matériels, les équipements... (immobilisations corporelles);
– l'élément circulant constitué par les stocks de matières premières, de produits finis et semi-finis, les .... détenues sur la clientèle et les disponibilités en caisse ou en banque.

Le passif comprend tout ce que l'entreprise doit à son propriétaire, ses associés ou ses créanciers. Il est composé de deux éléments principaux :
– les capitaux propres : le capital social (en numéraire ou en ....), les bénéfices et les .... (partie des bénéfices non distribuée et qui sera .... dans l'entreprise).
– les dettes : elles se répartissent entre les dettes financières, à plus ou moins long terme et les dettes d'........................... qui sont les sommes dues à l'État et aux fournisseurs. Le poste .... pour risques est destiné à couvrir les risques imprévus non couverts par les assurances (litiges, ..., pertes sur les taux de change...).

(d'après *Le Monde de l'entreprise française*, Paul Gaeng, Gottfried Egert Verlag) D.R.

LES FINANCES DE L'ENTREPRISE

J'ANALYSE LE DOCUMENT

1) **Complétez le texte à l'aide des mots de la liste suivante :**

amendes - brevets - convention - créances - écoulé - exploitation - incorporelles - inventaire - nature - plan - provisions - réinvestie - réserves - tableau - utilisation

2) À partir du texte, **complétez ce schéma simplifié des différents postes du bilan.**

BILAN	
.... des ressources de l'entreprise	.... des ressources de l'entreprise
• – – –	• – – –
• – – –	• – – –

INTERPRÉTER UN BILAN

3) **Indiquez si les affirmations suivantes concernant le bilan sont vraies ou fausses :**

	VRAI	FAUX
1. L'apport des actionnaires fait partie de l'actif.	☐	☐
2. L'augmentation des bénéfices est toujours proportionnelle à celle des ventes.	☐	☐
3. L'autofinancement permet d'investir sans augmenter les dettes.	☐	☐
4. Les bénéfices augmentent toujours l'actif circulant.	☐	☐
5. Le bilan traduit la situation financière des actionnaires.	☐	☐
6. Les immeubles appartenant à une entreprise font partie de son passif.	☐	☐
7. Le matériel destiné à la production fait partie des immobilisations corporelles.	☐	☐
8. Les sommes dues par les clients s'inscrivent à l'actif.	☐	☐
9. Une entreprise possède un terrain de 200 000 F, une provision de fonds de 75 000 F, des capitaux propres de 325 000 F, et des stocks évalués à 85 000 F. Elle présente :		
- un actif de 275 000 F.	☐	☐
- un passif de 400 000 F.	☐	☐
10. Pour un fabricant d'ordinateurs, un ordinateur est une immobilisation.	☐	☐

LA SANTÉ FINANCIÈRE DES ENTREPRISES

La VPC améliore ses positions

La vente par correspondance affiche un «équilibre financier des plus stables», souligne un rapport de la Banque de France.

LILLE
Jean VALBAY

« À l'inverse d'autres canaux de distribution, la VPC a encore valorisé son double atout : une autonomie presque totale vis-à-vis du secteur bancaire et un équilibre financier des plus stables », telle est l'une des principales constatations contenues dans le rapport annuel de la Banque de France sur les entreprises de vente par correspondance qui vient d'être rendu public à Roubaix-Tourcoing.

Frais financiers faibles

L'étude repose sur les bilans de douze entreprises du secteur représentant 95 % des effectifs, soit 18 115 salariés et un chiffre d'affaires de 28 938 millions de francs. Six de ces douze sociétés, dont La Redoute et Les Trois Suisses, ont leur siège social à Roubaix-Tourcoing.

Le taux de marge commerciale continue à s'améliorer, souligne le rapport : il atteint 43,6 % contre 35,8 % pour les grands magasins et 16,8 % pour les hypermarchés. En outre, constate la Banque de France, pour la troisième année consécutive, le coût des achats baisse (– 4,3 %).

D'autre part, en dépit d'une baisse des ventes de 2,9 % en 1994-1995, la VPC maîtrise mieux ses frais généraux : ils n'ont augmenté que de 6 % au lieu de 10 % et 15 % au cours des deux années précédentes.

La VPC, précise encore le rapport de la Banque de France, continue à se distinguer par le poids très faible de ses frais financiers car *« elle recourt au crédit d'exploitation de façon de plus en plus limitée, voire résiduelle, pour maintenir ses disponibilités placées, davantage que pour satisfaire un besoin né de l'exploitation »*.

Enfin la Banque de France signale la prospérité des établissements financiers spécialisés de la VPC qui maintiennent une progression des encours voisine ou supérieure à deux chiffres, assortie d'une rentabilité à très haut niveau. Le résultat net rapporté aux fonds propres atteint 30 %.

(d'après *Le Figaro*, 9632304 par Jean Valbay, n° 15 983)

J'ANALYSE LE DOCUMENT

4 **Lisez** attentivement l'article ci-dessus et **remplissez la fiche technique** sur la situation financière de la vente par correspondance en France.

FICHE TECHNIQUE DE LA SITUATION FINANCIÈRE DE LA VPC

– Source :

– Nombre d'entreprises étudiées :
  soit : - effectifs :
        - salariés :
        - CA :

– Taux de marge commerciale du secteur de la distribution :
    – hypermarchés :
    – grands magasins :
    – VPC :

– Évolution du coût des achats :

– Évolution des ventes :

– Évolution des frais généraux :

– Importance des frais financiers :

– Rapport des résultats nets sur les fonds propres :

LES FINANCES DE L'ENTREPRISE

LA BOURSE

La Bourse, ou marché financier, est un marché public sur lequel se négocient les valeurs mobilières – titres de propriété ou de créance – en fonction de la loi de l'offre et de la demande. La Bourse est par excellence l'instrument de financement externe des entreprises, de l'État et des administrations publiques.

Les .... peuvent se constituer un portefeuille privé par le biais d'.................... : sociétés de Bourse, banques... ou acquérir des .... dans des portefeuilles .... : SICAV (Sociétés d'Investissement à Capital Variable) ou FCP (Fonds Communs de placement), gérés par des établissements de crédit.

L'ORGANISATION DU MARCHÉ FINANCIER a été profondément transformée et modernisée en février 1983. Les valeurs mobilières se négocient sur trois marchés :
- **le marché officiel** ou .... officielle, réservé aux titres des grandes entreprises et des administrations de l'État,
- **le second marché**, plus réduit mais moins .... et, donc, plus accessible aux PME et PMI, constitue un véritable banc d'essai pour ces entreprises en vue d'une éventuelle .... à la cote officielle,
- **le marché hors cote** permet de négocier les titres qui ne sont pas admis sur les autres marchés. Son accès est facile mais l'importance des .... courus ne le rend guère séduisant pour les petits épargnants. Le volume de titres négociés est très faible.

LES VALEURS MOBILIÈRES sont divisées en actions et obligations, même si, depuis 1983, il existe de nouveaux titres.

L'action est un titre de .... représentant une fraction du capital d'une société de capitaux. Elle confère à son détenteur, l'...................., la qualité d'associé et lui donne droit à une part des bénéfices sous forme de .... En cas de résultats négatifs ou de faillite, celui-ci risque son capital. L'actionnaire possède également un droit à la gestion et, donc, au contrôle par son .... lors des assemblées générales ; un droit à l'information qui doit lui permettre d'exercer son contrôle par l'accès à différents documents reflétant les résultats et la politique de l'entreprise; un droit à l'.................... social, c'est-à-dire à une fraction des biens de l'entreprise après paiement de ses dettes. L'.................... et l'exercice de ces droits sont précisés dans les .... de la société.

Il existe différents types d'actions : actions de jouissance, à dividende prioritaire, privilégiées, etc.

– **L'obligation** est un titre de .... à plus ou moins long ...., elle confère à son propriétaire, l'obligataire, la qualité de créancier de l'émetteur qui, en contrepartie de l'...................., s'engage à lui verser un intérêt annuel .... Il existe également des obligations à taux variable, ... en actions.

Les actions et les obligations peuvent être émises sous forme nominative ou au ....

(d'après *Le Monde de l'entreprise française*, Paul Gaeng, Gottfried Egert Verlag) D.R.

DOSSIER 10

J'ANALYSE LE DOCUMENT

5 **Complétez le texte à l'aide des mots suivants :**
⁎⁎
actif - actionnaire - collectifs - contraignant - convertibles - cote - dividendes - emprunt - épargnants - étendue - fixe - intermédiaires - introduction - participations - porteur - propriété - risques - statuts - terme - vote

6 Sans consulter le texte, **indiquez** si les affirmations suivantes concernent les actions, les
⁎⁎ obligations ou, éventuellement, les deux titres :

	ACTION	OBLIGATION
1. C'est pour l'entreprise un moyen de financer ses investissements.	☐	☐
2. C'est un titre de créance.	☐	☐
3. Elle confère généralement le droit de vote.	☐	☐
4. Elle donne droit à un revenu.	☐	☐
5. Elle est négociable sur le marché financier.	☐	☐
6. Elle permet de percevoir un dividende.	☐	☐
7. Elle peut être émise par une collectivité locale.	☐	☐
8. Elle représente une part du capital social.	☐	☐
9. Son détenteur est davantage soumis aux fluctuations du marché.	☐	☐
10. Son émetteur devra la rembourser.	☐	☐
11. Son émetteur risque de perdre le contrôle de la société.	☐	☐
12. Son émission permet d'éviter l'endettement de la société.	☐	☐
13. Son propriétaire possède la qualité d'associé.	☐	☐
14. Son remboursement permet de diminuer l'endettement de la société.	☐	☐
15. Son revenu est généralement déterminé à l'avance.	☐	☐
16. Pour l'acquérir, il faut avoir recours à un intermédiaire.	☐	☐
17. Son détenteur n'a pas le goût du risque.	☐	☐
18. Son revenu peut subir d'importantes variations.	☐	☐
19. On le retrouve dans des SICAV ou des FCP.	☐	☐
20. Son détenteur peut garder l'anonymat.	☐	☐

LES FINANCES DE L'ENTREPRISE

POINTS DE VUE SUR L'ACTION

DOC

1 MICHÈLE JAFFRÉ actionnaire
clubiste au CIO à Nantes

A
Pour une opération d'épargne classique, il est recommandé de diversifier ses placements pour limiter les risques à court terme.
En revanche, dès que l'horizon s'allonge, la part des actions peut et doit devenir significative, tant est forte leur capacité de récupération et de croissance. Un horizon de 10 ans et plus permet d'obtenir une sécurité significative et d'un placement intégralement en actions.

C
Au cours de l'année 1994 les marchés ont été particulièrement volatiles. La brusque montée des taux a pris le pas sur les résultats attendus des entreprises. Dans ce contexte les valeurs du CAC 40* ont souffert.
Cette difficile conjoncture pourrait détourner le particulier de la Bourse mais il importe de considérer le placement actions sur le moyen et le long termes. L'investissement en actions a sa place dans une gestion de patrimoine diversifiée.

2 JEAN-PIERRE FERRETJANS
Directeur Général Epargne et
Gestion de la Caisse Centrale des
Banques Populaires

D
Un club d'investissement, c'est un groupe de personnes qui veulent apprendre à se perfectionner. C'est l'école de la Bourse !

B
Je lis beaucoup : si je désire, j'ai par Minitel les 5 meilleures offres d'achat, les 5 meilleures offres de vente. N'importe quel particulier a aujourd'hui des moyens puissants d'information et aussi de communication grâce à la télématique.

3 ROGER STEHLIN actionnaire
Instituteur à Nantes

4 REGIS DE LAROULLIÈRE
Président de Vendôme Patrimoine
(Groupe UAP)

SBF · BOURSE DE PARIS

Dessin de Fersten
(d'après *SBF - Bourse de Paris*)

* CAC 40 : Indice boursier français basé sur 40 valeurs représentatives des différents secteurs d'activité.

J'ANALYSE LE DOCUMENT

7 **Retrouvez l'auteur** de chacun de ces différents points de vue sur l'action.

DOSSIER 10

LES IMPÔTS

À savoir

Depuis quelques années, les contribuables français reçoivent en même temps que leur déclaration d'impôts une lettre du ministre des Finances les informant de la répartition des dépenses de l'État entre les principaux postes du budget.

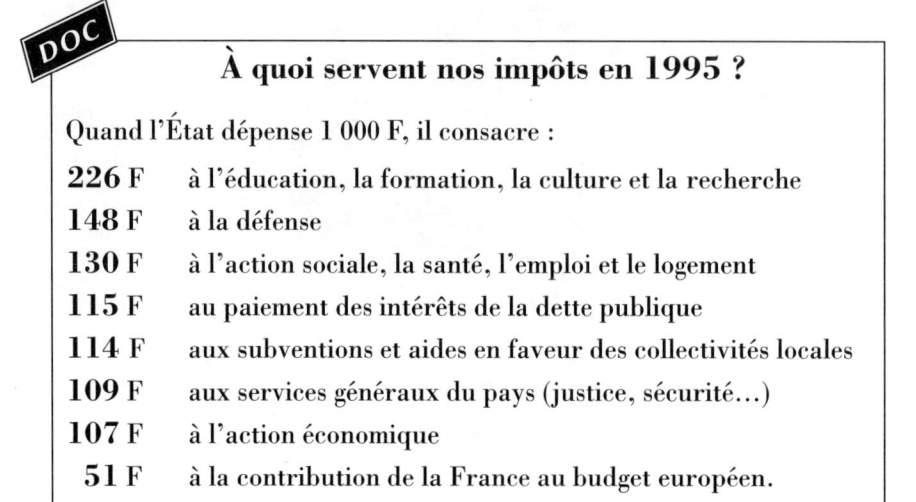

DOC

À quoi servent nos impôts en 1995 ?

Quand l'État dépense 1 000 F, il consacre :

- **226 F** à l'éducation, la formation, la culture et la recherche
- **148 F** à la défense
- **130 F** à l'action sociale, la santé, l'emploi et le logement
- **115 F** au paiement des intérêts de la dette publique
- **114 F** aux subventions et aides en faveur des collectivités locales
- **109 F** aux services généraux du pays (justice, sécurité…)
- **107 F** à l'action économique
- **51 F** à la contribution de la France au budget européen.

(d'après *Déclaration de l'impôt sur le revenu 1995*)

J'ANALYSE LE DOCUMENT

8 **Transformez les données ci-dessus** en pourcentages et **présentez-les** sous forme de diagramme circulaire (camembert).

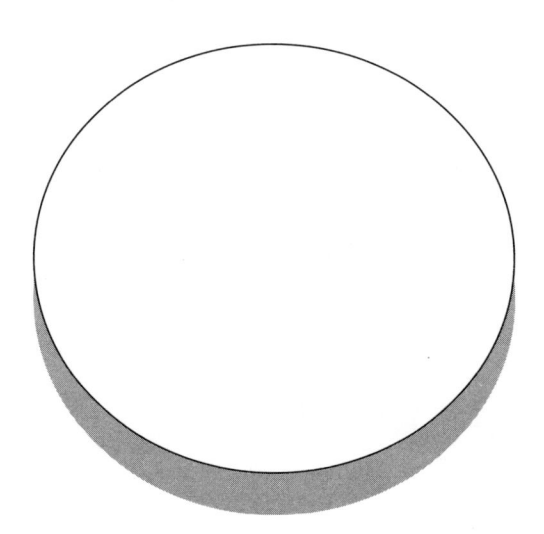

LES FINANCES DE L'ENTREPRISE

JE M'ENTRAÎNE À L'ÉCRIT

ANALYSER DES DONNÉES

9 * Voici une liste des principaux substantifs permettant d'analyser l'évolution de données, de commenter un graphique :

abaissement - amélioration - appréciation - augmentation - baisse - chute - consolidation - croissance - décollage - dégradation - dégringolade - démarrrage - dépréciation - développement - diminution - effondrement - élévation - flambée - fluctuation - hausse - maintien - oscillation - progression - ralentissement - recul - redressement - relance - relèvement - reprise - stabilisation - stabilité - stagnation

Classez-les dans le tableau suivant, sous le signe du mouvement qu'ils indiquent :

↑	↓	↗	↘	∼	—

10 ** **Retrouvez le verbe correspondant à chacun de ces substantifs.**

11 * Voici le chiffre d'affaires de la société TransAlpSA entre 1997 et 2003 :

1997	1998	1999	2000	2001	2002	2003
30 MF	70 MF	72 MF	72 MF	68 MF	70 MF	35 MF

Tracez la courbe représentant l'évolution du CA de cette entreprise.

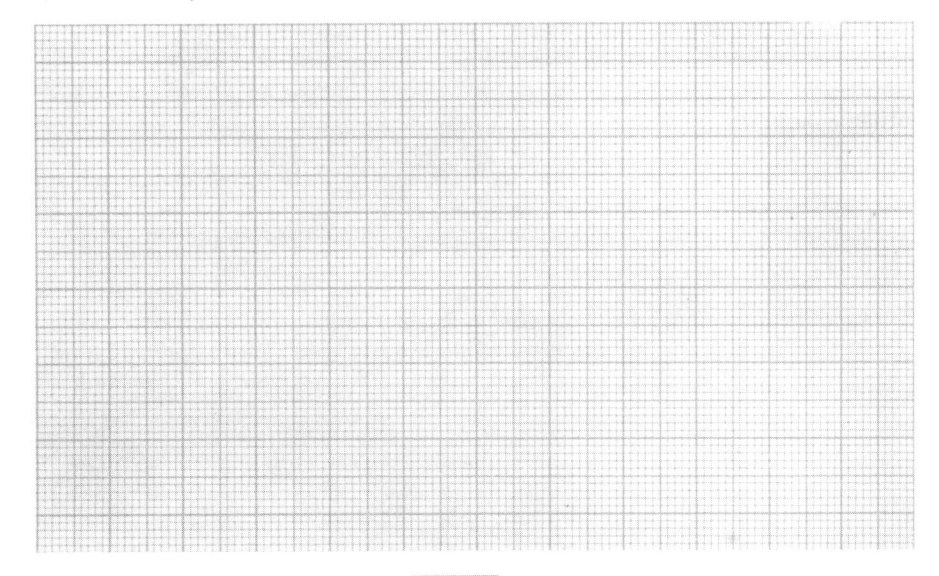

DOSSIER 10

JE M'ENTRAÎNE À L'ORAL

12 **Commentez le graphique** obtenu à l'aide du lexique de l'exercice 9.
**

ACTIVITÉS LEXICALES

13 **Retrouvez le mot qui manque et employez-le dans une phrase.**
**

Premier mot : ....

1. La secrétaire du directeur n'a pas l'air d'être dans son .... depuis deux jours.

2. Au restaurant, lorsqu'un client est pressé, le serveur lui propose une .... anglaise.

3. Lorsque vous recevrez votre déclaration d'impôt, vérifiez bien si l'.. tient compte des modifications survenues dans vos revenus de cette année.

4. ....
....

Deuxième mot : ....

1. Aujourd'hui, on préfère parler de «pays en voie de développement» (PVD) plutôt que de « pays du .... Monde ».

2. Une assurance au .... ne rembourse que les dommages causés à autrui par le souscripteur.

3. Pour être opposable aux ...., toute modification des statuts d'une société doit être publiée dans un bulletin d'annonces légales.

4. ....
....

Troisième mot : ....

1. Le .... des affaires étrangères a été confié à un ancien ambassadeur.

2. Ce touriste n'a pas encore compris comment on avait pu lui soustraire son .... de la poche intérieure de son blouson.

3. Notre directeur financier pourra vous conseiller efficacement sur la composition de votre ...., afin de minimiser les risques liés aux fluctuations de la Bourse.

4. ....
....

LES FINANCES DE L'ENTREPRISE

14 **Complétez les phrases suivantes** avec le mot ou l'expression qui convient :

1. Voici les statistiques du mois de décembre dernier, corrigées des variations ....

contractuelles - occasionnelles - saisonnières - stationnaires

2. Gérard Duthiey a été .... directeur financier d'Eurofininvest, poste vacant depuis le décès de Jean-Paul Dufresne.

muté - posté - promu - titré

3. Le Conseil d'Administration, lors de sa première réunion de l'année, doit approuver les comptes de l'exercice .... au 31 décembre.

clos - clôturé - fermé - terminé

4. Le Second Marché permet à des PME particulièrement performantes d'avoir accès à .... publique.

l'épargne - la fonction - l'information - l'ouverture

5. Le ralentissement de nos exportations au cours du deuxième semestre ne devrait pas remettre en cause les .... prévus pour le développement de notre réseau commercial aux États-Unis.

envois - instruments - inversions - investissements

6. Si votre règlement ne nous parvenait pas sous huitaine, nous nous verrions obligés de confier votre dossier au service ....

confidentiel - du contentieux - judiciaire - judicieux

7. Le nombre de mises .... que nous avons été obligés d'envoyer a considérablement augmenté cette année, à cause de la récession.

au point - en cause - en demeure - en place

8. Dès réception de la marchandise, nous effectuerons un virement pour vous .... du montant de la facture.

couvrir - découvrir - ouvrir - recouvrir

9. Quelles que soient .... et l'activité de votre entreprise, TELINFORM vous proposera une solution adaptée à vos besoins !

la forme - le modèle - le rapport - la taille

10. L'administration fiscale m'a réclamé, par erreur, le tiers .... dont je m'étais acquitté en février.

prépositionnel - prévisionnel - provisionnel - provisoire

JE COMMUNIQUE À L'ÉCRIT

DEMANDE DE REPORT D'ÉCHÉANCE

En raison des différents mouvements de grève des services publics durant le mois de décembre dernier, la société TransAlpSA est en proie à d'importantes difficultés de trésorerie. Sur les conseils de son comptable, Paul Chadourne, le directeur, décide d'écrire à la Recette principale des impôts dont il dépend.

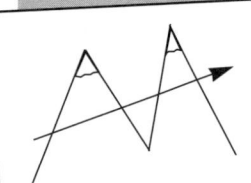

TransAlpSA
543, route des Alpes
69005 LYON
Tél. : 04 78 25 27 25   Fax : 04 78 25 31 12

Recette principale des impôts
178, rue Garibaldi
69003 LYON

Objet : demande de délai de paiement TVA

Lyon, le 12 janvier …

Madame, Monsieur le receveur principal,

Compte tenu des grèves qui ont paralysé certains services publics en décembre dernier, je suis au regret de vous informer que je ne serai pas en mesure d'honorer ma TVA au 20 janvier.
En effet, la grève du centre de tri postal dont je dépends et de certaines administrations que je compte parmi mes clients a retardé l'encaissement de nombreuses factures émises courant décembre. À l'heure actuelle, ma trésorerie enregistre encore un montant de 135 000 francs de factures non perçues. Il ne me sera donc pas possible de verser à la date prévue le montant réclamé.
En conséquence, je sollicite un report du paiement de ma TVA en fonction de l'évolution de ma trésorerie, au plus tard au 30 mars…
Je vous remercie de votre bienveillante attention et vous saurais gré de bien vouloir me faire part de votre accord sur cette proposition.
Je vous prie d'agréer, Madame, Monsieur le receveur principal, mes salutations distinguées.

Paul Chadourne
Directeur

SA au capital de 1 000 000 F - RC Lyon B 089 676 544

(d'après *Défis*, n° 135, janvier 1996)

15 **Rédigez la réponse favorable de l'administration** qui sera signée par Bernard Daraillans, receveur principal, à partir du plan suivant :
***
- Accusé de réception
- Accord à titre exceptionnel du report à la date demandée
- Formule de politesse.

LES FINANCES DE L'ENTREPRISE

ACTIVITÉS LEXICALES

À savoir

- L'IRPP grève les bénéfices industriels et commerciaux (BIC) pour les artisans, commerçants ou les bénéfices non commerciaux (BNC) pour les professions libérales.
- L'IS grève les bénéfices des sociétés qui y sont soumises de plein droit ou sur option. Son taux est de 33,5 %.
- Il existe trois taux de TVA : taux réduit de 5,5 %, taux normal et majoré de 20,60 %.

16 Voici la liste des principaux impôts qui grèvent le budget des Français.
* **À vous de retrouver** ce sur quoi ils portent.

Les impôts et taxes de l'État

1. IRPP
2. IS
3. TVA
4. TIPP
5. Impôts sur les plus-values
6. ISF
7. Impôt sur les successions
8. Droits d'enregistrement

a. Fortune des personnes physiques
b. Transcription d'actes sur les registres publics
c. Valeur ajoutée à tout bien ou service aux différents stades de la production
d. Transmission du patrimoine
e. Bénéfices réalisés lors de la vente de biens immobiliers
f. Revenu des personnes physiques
g. Bénéfices nets des personnes morales
h. Produits pétroliers

Les impôts locaux

9. Taxe d'habitation
10. Taxe professionnelle
11. Taxe foncière sur les propriétés bâties
12. Taxe foncière sur les propriétés non bâties

i. Terrain nu
j. Valeur locative du logement
k. Toute activité non salariée exception faite des professions agricoles
l. Constructions à usage d'habitation,

(d'après *Initiation économique et juridique*, Plein Pot, Ed. Foucher)

11 LA VIE D'UNE ENTREPRISE

L'ENTREPRISE : UN ORGANISME VIVANT

DOC

ENTREPRENDRE
L'innovation à fleur de peau

Créés en 1950 sous la forme d'une société de recherche, les laboratoires Bailleul ont pris le temps de se développer en consolidant leurs acquis à chaque étape de leur vie.

« Au départ, il s'agissait d'une société de recherche dans laquelle des médecins et des pharmaciens se réunissaient trois fois par semaine pour parler de leurs travaux », explique Olivier Bigou, responsable du marketing et de l'international. « *C'est à partir de 1975 que la société a commencé vraiment à se développer quand nous avons commercialisé la nouvelle formule d'un produit anti-inflammatoire.* » Olivier Bigou dirige aujourd'hui l'entreprise aux côtés de son frère Patrice, l'actuel P-DG. Société pharmaceutique familiale, les laboratoires Bailleul trouvent assez vite leur créneau dans la dermatologie. « *Nous avons choisi la dermapharmacie et la plupart de nos produits font l'objet de prescriptions médicales et sont remboursés par la Sécurité sociale.* » Première étape importante, le rachat des laboratoires Terrica à Louviers permet à la PME familiale de commercialiser de nouveaux produits. Restructurés en une SARL en 1980, les laboratoires Bailleul emploient aujourd'hui 80 personnes. « *Au début, la société comptait à peine six ou sept personnes* », rappelle Olivier Bigou, fier d'annoncer un chiffre d'affaires qui est passé de 7 millions de francs au moment de la restructuration à 100 millions cette année. Un chiffre qui « *devrait être dépassé en 1995* ». Après avoir racheté les laboratoires Bouteille, situés en province, à la fin de l'année dernière « *parce qu'un produit les intéressait* », les laboratoires Bailleul misent désormais sur l'exportation. « *Depuis deux à trois ans, nous cherchons à nous développer en Europe mais cela est plus difficile que partout ailleurs dans le monde* », explique le responsable international. « *L'autorisation de mise sur le marché (AMM) d'un produit ne suffit pas. Il faut envoyer le dossier une seconde fois au ministère de la Santé pour obtenir l'autorisation d'exporter* », poursuit-il. « *Nous sommes implantés au Liban d'où nous prospectons en Syrie, en Arabie Saoudite et à Chypre.* » Les produits Bailleul sont également présents aux Philippines, au Cambodge, au Viêt-nam, en Thaïlande, à Singapour et en Malaisie. « *Pour une PME comme la nôtre, il est très important d'avoir une certaine spécificité* », poursuit Olivier Bigou, rappelant que « *de nombreuses innovations sont encore à venir dans le secteur de la dermatologie.* »

C.N.

(d'après CCIP - *Le Nouveau Courrier*, n° 37, juin 1995)

LA VIE D'UNE ENTREPRISE

J'ANALYSE LE DOCUMENT

1 À partir de l'article ci-contre, **remplissez la fiche technique suivante :**

ORIGINE DE LA SOCIÉTÉ
– Date de création :
– Forme :
– Objectifs :
SOCIÉTÉ ACTUELLE
– Nom :
– Forme juridique :
– Année de constitution :
– Nom du directeur :
– Secteur d'action :
– Premier produit commercialisé :
– Caractéristiques des produits :
ÉVOLUTION
– Premier rachat :
– Objectif :
– Effectif :
– Dernier chiffre d'affaires connu :
– Deuxième rachat :
– Objectif actuel :
– Formalités nécessaires pour exporter :
– Implantation :
– Présence sur les marchés asiatiques :
– Pays prospectés :

JE M'ENTRAÎNE À L'ÉCRIT

2 À partir des données recueillies dans la fiche technique, **retracez en une dizaine de lignes l'évolution des laboratoires Bailleul.**

DOSSIER 11

L'ENTREPRISE EN DIFFICULTÉ

> **À savoir**
>
> Lorsqu'une entreprise traverse des difficultés, une des premières mesures envisagées consiste à réduire ses effectifs. Après les vagues de licenciements dans les années 80, l'Administration est de plus en plus réticente face aux plans sociaux qui lui sont soumis. Les entreprises doivent donc apprendre à optimiser la gestion de leur personnel.

Voici un exemple d'ingéniosité en gestion des ressources humaines.

> **DOC**
>
> ### Le cas Heuliez : des salariés en trop «prêtés» à des PME locales
>
> *Le petit bourg de Cerizay, dans les Deux-Sèvres, vient d'échapper à 300 licenciements. Le groupe familial Heuliez (1 800 personnes), spécialisé dans la sous-traitance automobile, emploie là quelque 600 salariés dans l'assemblage de véhicules breaks.*
>
> À la fin de l'année 1993, avec l'arrêt définitif de la chaîne de fabrication de la BX «familiale» de Citroën, plus de la moitié de l'............................ devait se retrouver sans travail. La direction avait bien réussi à obtenir la construction du break Xantia pour regarnir son ...., mais seulement à partir du mois de mai 1995. Entre-temps (quinze mois), il fallait tenir.
>
> «Nous avons tout mis en œuvre pour éviter les licenciements, car, de toute façon, nous aurions dû .... dès la .... de l'activité», confie le directeur général, Patrice Roulois. Dans un premier temps, une soixantaine de salariés sont partis en .... et les activités sous-traitées ont été rapatriées en .... Mais ces mesures ne suffisaient pas à résorber la totalité du .... Un système original de «prêt de personnel interentreprise» a donc été organisé : Heuliez Cerisay «............................» ses salariés aux autres sociétés du groupe ou à des entreprises de la région. Au total, quelque 50 salariés ont été occupés de cette façon en 1994. Enfin, Heuliez n'a pu éviter le chômage .... en début d'année.
>
> Pour mieux faire accepter ces sacrifices, la direction a joué la carte de la transparence. «Les .... sociaux ont été associés à toutes les opérations», assure Christian Loiseau, ... CFDT. L'entreprise a aussi innové en avançant à chaque employé une somme équivalant à 50 % de sa .... de salaire. Cette «dette» sera .... en heures de travail, lorsque l'activité aura repris. En attendant, un ambitieux plan de formation de 18 millions de francs (financé avec les ....) a été engagé. «Nous avons profité de la .... de notre personnel pour le préparer aux nouvelles technologies», conclut Patrice Roulois.

(d'après *Capital*, n° 37, octobre 1994)

LA VIE D'UNE ENTREPRISE

J'ANALYSE LE DOCUMENT

3 Complétez l'article à l'aide des expressions ou mots suivants :
**
délégué - disponibilité - effectif - interne - loue - partenaires - partiel - perte - plan de charge - pouvoirs publics - préretraite - réembaucher - remboursée - reprise - sureffectif

4 À partir de l'article ci-contre, **répondez** aux questions suivantes :
*
1. Quelle est l'origine du problème qui s'est posé au groupe Heuliez fin 1993 ?
2. Qu'est-ce qui a permis de ne pas envisager un licenciement collectif définitif ?
3. Quelles sont les différentes mesures qui ont été adoptées par l'entreprise ?
4. Comment les décisions ont-elles été prises ?
5. Comment l'entreprise met-elle à profit le temps dont dispose son personnel ?

ACTIVITÉS LEXICALES

À savoir

Il n'est malheureusement pas toujours possible pour une entreprise de résoudre ses difficultés financières. Le tribunal de commerce est donc amené à intervenir pour trouver des solutions (règlement à l'amiable, plan de redressement...) ou, le cas échéant, procéder à la liquidation de l'entreprise.

5 Trouvez la définition correspondant aux termes suivants :
***
banqueroute - cessation de paiement - dépôt de bilan - faillite - liquidation - redressement judiciaire

1. .... : situation d'un commerçant dont le tribunal a constaté la cessation de paiement.

2. .... : constatation par le tribunal de l'impossibilité pour une entreprise de payer ses dettes à l'échéance.

3. .... : faillite accompagnée d'actes délictueux.

4. .... : procédure réservée à certains commerçants en état de cessation de paiement lorsqu'ils sont de bonne foi, les créanciers acceptant soit d'être payés plus tard, soit de ne recouvrer qu'une partie de leurs créances.

5. .... : acte par lequel une société déclare au Tribunal de commerce qu'elle cesse ses paiements.

6. .... : vente de l'actif de l'entreprise afin de payer les créanciers.

DOSSIER 11

LE REDRESSEMENT JUDICIAIRE

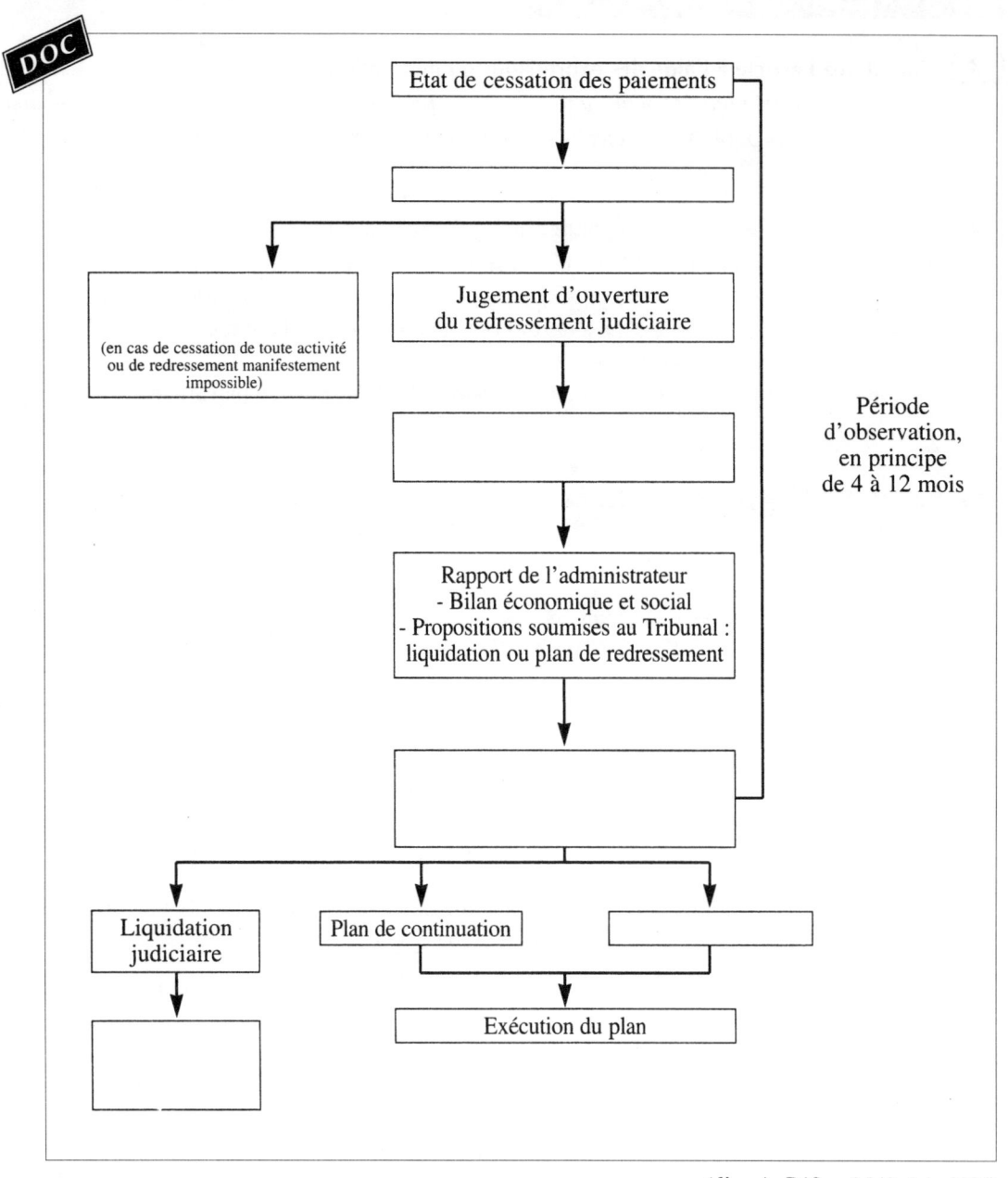

```
                    Etat de cessation des paiements
                                │
                                ▼
                    ┌───────────────────────┐
                    └───────────────────────┘
                     │                     │
                     ▼                     ▼
     ┌──────────────────────┐   ┌──────────────────────────┐
     │ (en cas de cessation │   │ Jugement d'ouverture     │
     │  de toute activité   │   │ du redressement judiciaire│
     │  ou de redressement  │   └──────────────────────────┘
     │  manifestement       │                │
     │  impossible)         │                ▼
     └──────────────────────┘   ┌──────────────────────────┐
                                └──────────────────────────┘       Période
                                             │                   d'observation,
                                             ▼                    en principe
                                ┌──────────────────────────┐     de 4 à 12 mois
                                │ Rapport de l'administrateur│
                                │ - Bilan économique et social│
                                │ - Propositions soumises au │
                                │   Tribunal : liquidation  │
                                │   ou plan de redressement │
                                └──────────────────────────┘
                                             │
                                             ▼
                                ┌──────────────────────────┐
                                └──────────────────────────┘
                     │                   │                    │
                     ▼                   ▼                    ▼
           ┌─────────────┐   ┌─────────────────┐   ┌──────────────┐
           │ Liquidation │   │ Plan de         │   │              │
           │ judiciaire  │   │ continuation    │   │              │
           └─────────────┘   └─────────────────┘   └──────────────┘
                 │                   │                    │
                 ▼                   ▼                    │
           ┌─────────────┐   ┌──────────────────────────┐
           │             │   │   Exécution du plan      │
           └─────────────┘   └──────────────────────────┘
```

(d'après *Défis*, n° 140, juin 1996)

J'ANALYSE LE DOCUMENT

6 Voilà le schéma des principales étapes de la procédure de redressement judiciaire.
À vous de le compléter.

Décision du tribunal : liquidation ou arrêt d'un plan de redressement - Plan de cession - Jugement de liquidation judiciaire - Poursuite d'activité pendant la période d'observation - Réalisation de l'actif par le liquidateur - Saisine du tribunal

LA VIE D'UNE ENTREPRISE

ACTIVITÉS LEXICALES

7 **Complétez les phrases suivantes** par le mot ou l'expression qui convient :

1. Le ministère des Finances a amélioré le régime fiscal .... pour les cadres expatriés.

   au fait - en effet - en la matière - en vigueur

2. Le .... de l'inflation ces dernières années a eu des effets bénéfiques sur l'ensemble de l'économie française.

   record - recul - retard - retour

3. .... de la réunion, le rapporteur a annoncé qu'il préparerait une note de synthèse pour le début de la semaine suivante.

   à l'insu - à l'issue - à la mi-temps - à la porte

4. L'..................... des vacances progresse même si plus de 40 % des entreprises françaises ferment encore pendant l'été.

   étalage - étalement - exercice - extension

5. Si la date de règlement n'est pas respectée, une majoration de l'impôt de 10 % sera .... par l'administration fiscale.

   appliquée - augmentée - établie - mise en place

6. Lorsqu'une entreprise a des difficultés pour recouvrer ses créances, elle peut s'adresser à une société ....

   d'affacturage - de crédit - de facturation - d'hypothèque

7. En cas de désaccord lors du renouvellement du bail, propriétaires et locataires peuvent .... à la commission départementale de conciliation.

   avoir cours - avoir recours - donner cours - faire cours

8. Le délai pour répondre à l'appel d'offres pour la .... de soixante-quinze ordinateurs expire à la fin du mois.

   fourniture - prestation - proportion - redevance

9. Un fournisseur doit apporter le meilleur soin à l'exécution de l'..................... son client.

   avis - engagement - injonction - ordre

10. Les .... survenant lors d'actes de commerce relèvent de la compétence du tribunal de commerce.

    défauts - défis - litiges - résultats

DOSSIER 11

8 Trouvez le mot qui manque et faites une phrase.
**

Premier mot : ....

1. La production se fait en continu, le travail est assuré par des .... de trois fois huit heures.

2. Depuis la mise en retraite du chef de personnel, son .... est vacant.

3. Allô ! Je voudrais le .... 19 32, s'il vous plaît !

4. ....
....

Deuxième mot : ....

1. L'.......................... est la période séparant deux bilans consécutifs.

2. Les sportifs font toujours des .... d'assouplissement avant les compétitions.

3. Il a été condamné pour .... illégal de la médecine.

4. ....
....

Troisième mot : ....

1. M. Lebeau vient de vendre son .... de commerce et se retire des affaires.

2. Personne n'aime placer de l'argent à .... perdu.

3. Cette entreprise devra emprunter les .... nécessaires pour éviter la faillite.

4. ....
....

JE COMMUNIQUE À L'ÉCRIT

NOTE DE SERVICE

9 M. Ribaudeau, directeur des Ateliers Métallo, fait part à ses ouvriers de l'instauration de l'horaire suivant : 7 h – 15 h, du 1er juin au 30 septembre, à titre expérimental. Il leur annonce qu'un questionnaire leur sera fourni ultérieurement, afin de recueillir leur opinion sur cette expérience pour, le cas échéant, la renouveler l'année suivante, pendant la même période.

Rédigez la note de service correspondante.

LA VIE D'UNE ENTREPRISE

LETTRE DE RELANCE

10 M. Ribaudeau s'adresse pour la seconde fois à la quincaillerie Lafont et Fils afin de demander le règlement de la facture n° 225 datée du 15 mars.
Parmi les phrases ci-dessous, **choisissez celles qui correspondent à l'objet de la lettre, remettez-les dans l'ordre puis récrivez cette lettre.**

ATELIERS METALLO
55, rue de Bâle - 67100 STRASBOURG
Téléphone : 03 88 63 73 12 - Fax : 03 88 63 72 14

Quincaillerie Lafont et Fils
12, rue de Belfort
68200 MULHOUSE

N/réf. : J-LR/OS/312
Objet : réclamation facture n° 225
PJ : photocopie facture

Strasbourg, le 2 juillet ...

Messieurs,

J.-L. Ribaudeau

Société à Responsabilité Limitée au capital de 150 000 F - RCS B 482 300 148 Strasbourg

---

1. Nous souhaitons les recevoir dans les quinze jours suivant la date de la commande.

2. Nous vous demandons de bien vouloir confirmer par fax la commande laissée sur le répondeur.

3. Je vous propose de régler la moitié de la somme au 1er septembre et le solde au 31 décembre.

4. Nous vous assurons que tous nos soins seront apportés à l'exécution de votre ordre.

5. et nous vous serions reconnaissants de bien vouloir régulariser votre situation.

6. Je regrette de ne pouvoir effectuer le règlement immédiat de la facture n° 225 en raison de difficultés de trésorerie.

7. Nous nous permettons de vous rappeler vos engagements,

DOSSIER 11

8. Le 15 mars, nous vous avons adressé la facture n° 225 ; suivant nos conditions de paiement, vous auriez dû en effectuer le règlement le 14 juin.

9. Nous vous prions de faire le nécessaire auprès du transporteur.

10. Votre facture concernant notre commande du 15 mars ne nous est pas encore parvenue.

11. Je constate avec regret que vous n'avez pas donné suite à notre précédent rappel et que votre compte reste débiteur de cette facture.

12. Vous trouverez ci-joint la facture correspondante, payable par traite à trente jours fin de mois de livraison.

13. Nous sommes persuadés que vous ne nous obligerez pas à recourir à de telles mesures.

14. Nous accusons réception, ce jour, de votre commande n° 32 du 15 mars.

15. Dans le cas contraire, nous nous verrions obligés de remettre votre dossier à notre service du contentieux.

16. Nous vous remercions d'avoir eu la délicatesse de nous avertir que vous ne serez pas en mesure d'honorer la traite de 13 052 F qui arrive à échéance le 14 juin prochain.

17. Recevez, Messieurs, nos salutations.

18. De notre côté, nous devons tenir nos engagements vis-à-vis de nos fournisseurs.

19. En conséquence, nous vous demandons de nous adresser sous trois jours un chèque du montant correspondant.

20. Nous regrettons de ne pouvoir donner une suite favorable à votre commande.

11 * Classez les phrases que vous n'avez pas utilisées sous les rubriques suivantes :

COMMANDE :

RÉPONSE À UNE LETTRE DE COMMANDE :

ENVOI :

PAIEMENT :

RÉPONSE À UNE LETTRE DE RELANCE

12 ** Lafont et Fils répond aux Ateliers Métallo pour leur demander un report d'échéance.

Rédigez la lettre en utilisant, le cas échéant, des éléments proposés ci-dessus à partir du plan suivant :
– Accusé de réception
– Excuses
– Demande de report d'échéance au 1er septembre
– Formule de politesse.

LA VIE D'UNE ENTREPRISE

JE M'ENTRAÎNE À L'ORAL

13 M. Ribaudeau téléphone à la quincaillerie Lafont et Fils et fait part de son refus de reporter
** l'échéance au 1er septembre. M. Lafont insiste pour qu'il accepte sa proposition de report d'échéance, car il attend une rentrée importante d'argent au 16 août.
Jouez la discussion.

UN PEU D'HUMOUR !

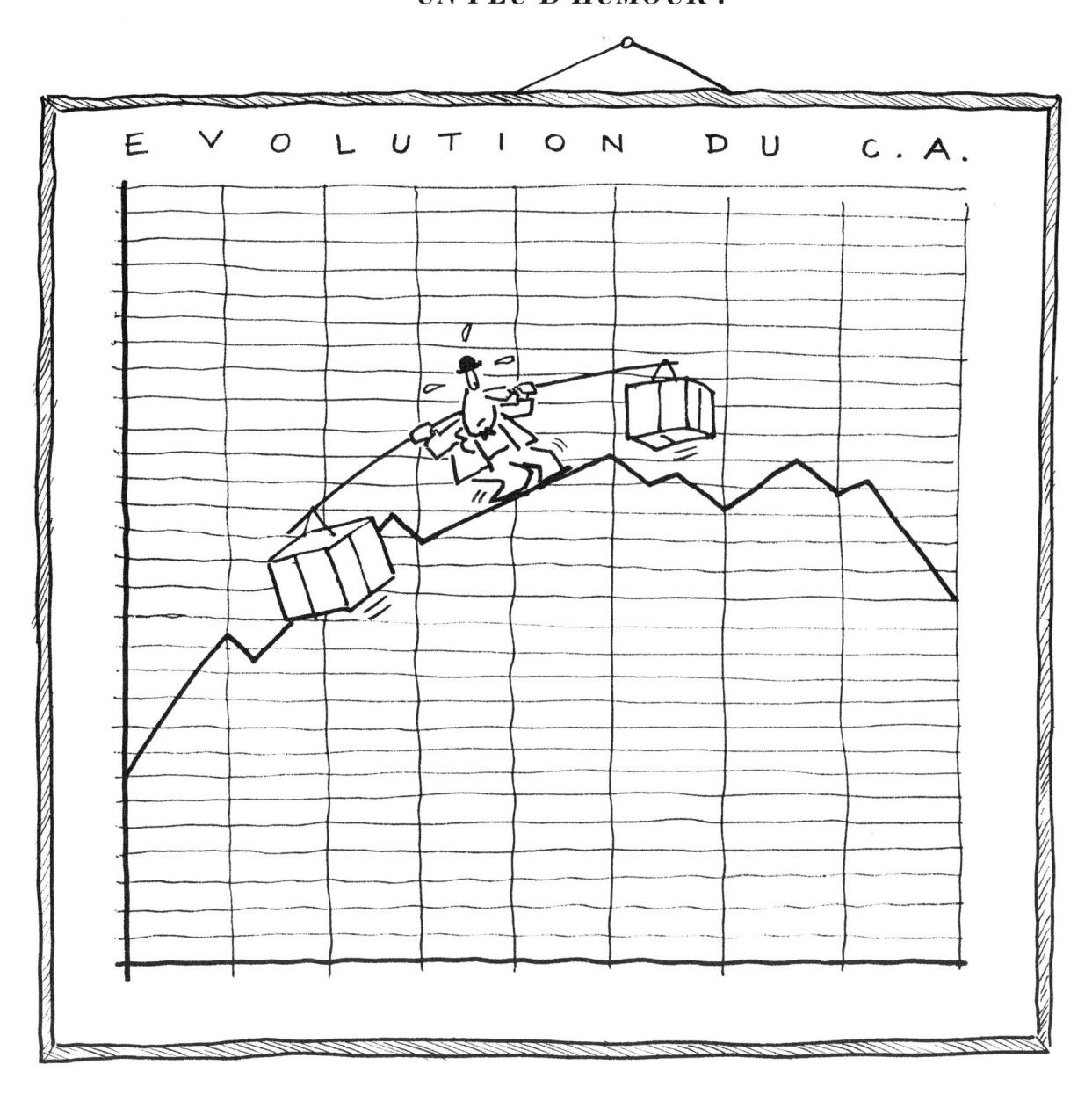

EVOLUTION DU C.A.

14 **À vous d'imaginer** tout ce qui peut entraver la progression de l'entrepreneur.
*

12 LA BANQUE

L'ENTREPRISE ET SES PARTENAIRES

UN PARTENAIRE INCONTOURNABLE

DOC

LA BANQUE

Tout le monde ou presque utilise les services de la banque sous une forme ou une autre.

Les particuliers. Près de 99 % de la population de plus de 18 ans possèdent un compte en banque. Aujourd'hui, dans certaines conditions, les jeunes de moins de 18 ans peuvent également être titulaires d'un compte. Les formules d'épargne mises au point et gérées par les banques ont définitivement remplacé les «bas de laine» de nos grands-parents. Enfin, le crédit fait partie de nos habitudes d'achat.

Les entreprises. À cette clientèle, les banques fournissent, au-delà des différentes formules de crédit, des services très diversifiés qui s'adaptent sans cesse aux conditions changeantes de l'économie nationale et internationale.

LA BANQUE FACILITE LES PAIEMENTS ET LES TRANSFERTS D'ARGENT

Le compte pour la sécurité et la disponibilité des dépôts
La banque reçoit de l'argent en dépôt de la part des clients qui ont ouvert un compte, appelé compte-chèques pour les particuliers et compte courant pour les entreprises. Le premier service qu'elle leur rend est d'assurer la garde de leur argent pour leur éviter qu'il soit volé, égaré ou détruit, ainsi que la gestion de leur compte en enregistrant les opérations de crédit et de débit récapitulées sur le relevé envoyé périodiquement.

La banque tient à la disposition des clients leurs dépôts sur simple demande. Disponibles à tout moment, ils sont appelés à vue. Cette disponibilité est garantie par des moyens de paiement qui permettent aux clients d'utiliser les fonds qu'ils ont sur leur compte.

Des chèques et des cartes pour les dépenses quotidiennes
Les chèques que les banques mettent à la disposition de leurs clients permettent de régler les achats de biens et de services ainsi que de retirer des espèces aux guichets. Le chèque est encore l'instrument de paiement et de retrait d'argent le plus utilisé en France.

Les cartes bancaires sont également mises à la disposition de leurs clients par les banques. Elles permettent de retirer à tout moment de l'argent liquide dans les distributeurs automatiques de billets (DAB) et les guichets automatiques de banque (GAB). Elles permettent de régler les achats de biens et de services chez les commerçants équipés pour les accepter.

Instrument de paiement en pleine expansion, la carte bancaire incorpore les innovations technologiques avec, notamment, la carte à puce dont toutes les possibilités ne sont pas encore exploitées.

Des prélèvements automatiques pour les dépenses régulières et des ordres de virement
Les prélèvements automatiques permettent de faire régler directement les dépenses régulières (loyer, téléphone, électricité...) par la banque qui prélève sur le compte de ses clients le montant de ces quittances.

…/…

.../...
Les ordres de virement permettent de transférer toute somme d'argent directement d'un compte à un autre, tant en France qu'à l'étranger. Les entreprises utilisent ce moyen de paiement sûr et rapide, notamment dans leurs opérations d'import-export.

Le change de monnaie
Pour satisfaire les besoins de leurs clients dans leurs relations avec l'étranger, les banques assurent le service de change qui consiste à fournir de la monnaie de pays étrangers (devises) et des francs français aux étrangers en France, sous forme d'espèces, de chèque de voyage ou de transfert de compte à compte.

LA BANQUE AIDE LES ENTREPRISES

Pour leur fonctionnement
Les entreprises, quelle que soit leur taille, font appel aux banques pour trouver des solutions adaptées à leurs différents besoins financiers. Ne pouvant généralement pas se doter du personnel spécialisé nécessaire, les PME ont souvent recours à leur banque pour suivre l'évolution des questions financières, de leurs réglementations et procédures. La banque est ainsi de plus en plus souvent amenée à jouer un véritable rôle de partenaire de l'entreprise.

Pour l'exportation
Implanté dans plus de 110 pays, le réseau bancaire français occupe le deuxième rang au niveau mondial. Par leur connaissance du milieu local, les banques aident les entreprises dans leur effort d'exportation ou d'investissement à l'étranger pour conquérir les marchés extérieurs : analyse permanente des possibilités offertes par chaque pays, recherche de partenaires ou de débouchés, prise de contact, couverture des risques...

Pour leurs financements
Globalement, les banques mettent des capitaux à la disposition des entreprises selon deux procédures :

- Les crédits, qui leur permettent de financer :
  – l'exploitation. Il s'agit de crédits à court terme (moins de 2 ans) : facilités de caisse, découvert, escompte des effets de commerce, crédit de campagne...
  – l'exportation. Il s'agit de crédits à court, moyen ou long terme s'adressant tant aux acheteurs qu'aux fournisseurs.
  – l'investissement et le développement. À moyen terme (de 2 à 7 ans), ils sont destinés à financer des équipements dont le renouvellement est assez rapide (matériel, outillage, véhicule...). À plus long terme, ils servent à financer des investissements immobiliers et des équipements qui n'ont pas à être renouvelés rapidement.

- Les apports en capital. Les banques peuvent devenir actionnaires de l'entreprise. Ces interventions directes restent cependant limitées, car elles ne peuvent être financées que par les fonds propres de la banque. Elles sont, de plus, soumises à des normes règlementaires qui fixent leurs limites. Les entreprises, enfin, ne souhaitent pas ce type d'interventions, par crainte d'une perte d'autonomie de décision et de gestion.

Les banques interviennent le plus souvent comme intermédiaires, en mettant en rapport les entreprises et les épargnants. Lors d'une augmentation de capital (émission d'actions) ou d'une émission d'emprunt (émission d'obligations), les banques jouent un rôle essentiel dans la préparation, le lancement des emprunts ou des augmentations de capital et dans la centralisation des souscriptions faites par les épargnants à leurs guichets.

(d'après l'AFB, Association Française des Banques, Direction de la communication)

DOSSIER 12

J'ANALYSE LE DOCUMENT

1 Après avoir lu le texte, **répondez aux questions suivantes :**
*
1. Quels sont les deux principaux services fournis par la banque à ses clients ?
2. Pourquoi certains dépôts sont-ils appelés «à vue» ?
3. À quoi sert un chèque ?
4. Pour effectuer un retrait, quel est l'avantage de la carte bancaire sur le chèque ?
5. Quel est l'avantage des prélèvements automatiques ?
6. Pourquoi peut-on dire que la banque est un partenaire de l'entreprise ?
7. À l'exportation, pourquoi peut-il être intéressant pour une PME de travailler avec une banque ?
8. Quelles sont les destinations possibles des crédits mis à la disposition des entreprises ?
9. Quels sont les risques que court un entrepreneur lorsqu'une banque devient actionnaire de son entreprise ?
10. Quel est le rôle joué par les banques au moment de la recherche de capitaux par les entreprises ?

SERVICES BANCAIRES

PRODUITS BANCAIRES

JE M'ENTRAÎNE À L'ORAL

2 Les banques disposent de différents produits pour répondre aux besoins des entreprises et des
** particuliers.
Retrouvez parmi les produits proposés ci-dessous ceux qui peuvent convenir à M. et Mme Porta, ainsi qu'à la société Viroli. Attention, plusieurs produits peuvent répondre à un même besoin.

M. et Mme Porta	Banque	Société Viroli
1. Achat d'un appartement	A. Prêt personnel	6. Achat de machines
2. Études à l'étranger de leur fille	B. Crédit à la consommation	7. Problèmes de liquidités
	C. Escompte	
3. Achat des cadeaux de Noël	D. Crédit immobilier	8. Lancement d'un nouveau produit
	E. Découvert	
4. Achat d'une voiture	F. Facilités de caisse	9. Achat d'un entrepôt
5. Voyage	G. Crédit à moyen terme	
	H. Avance de fonds	

124

LA BANQUE

Compte Actif :
le compte courant qui prend en compte tous vos besoins.

Tous les services nécessaires à la gestion quotidienne de votre argent, pour le prix d'une carte bancaire : c'est ce que vous offre Compte Actif du Crédit Mutuel.
Formule à la carte véritablement adaptée à la vie active, Compte Actif est le complément indispensable de votre compte-chèques.

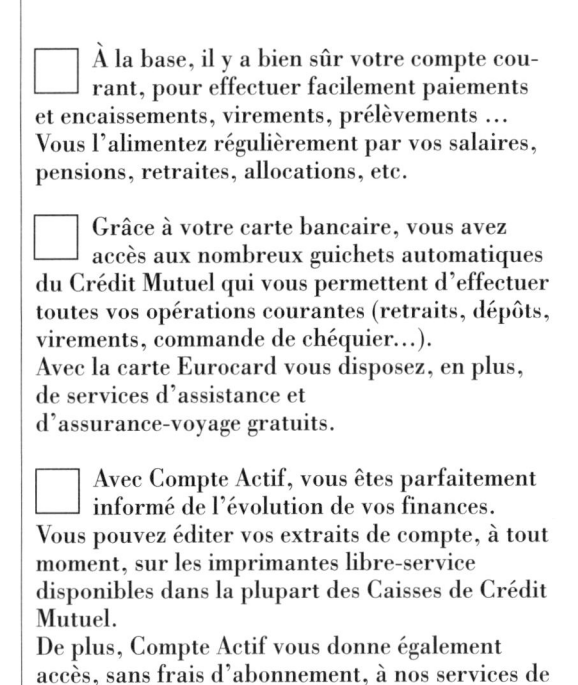

☐ À la base, il y a bien sûr votre compte courant, pour effectuer facilement paiements et encaissements, virements, prélèvements ...
Vous l'alimentez régulièrement par vos salaires, pensions, retraites, allocations, etc.

☐ Grâce à votre carte bancaire, vous avez accès aux nombreux guichets automatiques du Crédit Mutuel qui vous permettent d'effectuer toutes vos opérations courantes (retraits, dépôts, virements, commande de chéquier...).
Avec la carte Eurocard vous disposez, en plus, de services d'assistance et d'assurance-voyage gratuits.

☐ Avec Compte Actif, vous êtes parfaitement informé de l'évolution de vos finances.
Vous pouvez éditer vos extraits de compte, à tout moment, sur les imprimantes libre-service disponibles dans la plupart des Caisses de Crédit Mutuel.
De plus, Compte Actif vous donne également accès, sans frais d'abonnement, à nos services de consultation de comptes par Minitel (Domibanque), ou par téléphone (Domitel).

☐ Sans frais, l'argent en excédent sur votre compte chèques peut être rémunéré de façon sûre et rentable. Par des versements réguliers et des virements occasionnels, vous constituez une épargne toujours disponible.

☐ Dépenses imprévues, coups de cœur ou projet mûri de longue date, avec Compte Actif vous ne déséquilibrez plus votre budget : vous bénéficiez de conditions privilégiées pour vos prêts personnels ou vos découverts éventuels.*

☐ Un conseiller Crédit Mutuel se tient personnellement à votre disposition pour vous informer et vous conseiller au mieux de vos intérêts. Ensemble, vous ferez le point sur la gestion de votre épargne, notamment dès que votre réserve d'argent aura atteint un certain seuil.

* Sous réserve d'acceptation du dossier.

© Crédit Mutuel

J'ANALYSE LE DOCUMENT

3 Voici les titres des six paragraphes qui ont été effacés sur le dépliant du Crédit Mutuel ci-dessus.
** **À vous de les remettre dans l'ordre et de reporter** le chiffre dans la case correspondante.

1. **Des conditions préférentielles pour mes crédits**
2. **Je suis conseillé en permanence**
3. **Ma banque ouverte 7 jours sur 7**
4. **Mes disponibilités rémunérées**
5. **Mon argent géré au quotidien**
6. **Un suivi facile de mes comptes**

DOSSIER 12

4 Indiquez si les affirmations suivantes sont vraies ou fausses :

	VRAI	FAUX
1. Le Compte Actif remplace le compte-chèques.	☐	☐
2. Le service Compte Actif est gratuit.	☐	☐
3. Pour en bénéficier, il faut avoir un compte ouvert au Crédit Mutuel.	☐	☐
4. Grâce à votre carte bancaire, vous pouvez effectuer vos opérations courantes à partir du guichet automatique de n'importe quelle banque.	☐	☐
5. Toutes les Caisses du Crédit Mutuel sont équipées d'imprimantes.	☐	☐
6. Pour bénéficier des services Domitel et Domibanque vous devez payer un abonnement.	☐	☐
7. Les sommes déposées sur votre Compte Actif vous rapportent des intérêts.	☐	☐
8. Vous ne pouvez pas disposer immédiatement des sommes épargnées.	☐	☐
9. Le Compte Actif vous permet de bénéficier de conditions particulières pour vos crédits.	☐	☐
10. Le Compte Actif vous évite les formalités en cas de prêt.	☐	☐

JE M'ENTRAÎNE À L'ÉCRIT

5 Dans une banque, vous pouvez effectuer les opérations énumérées ci-dessous. **Trouvez le verbe correspondant à chacune d'entre elles et employez-le dans une courte phrase.**

Faire un dépôt ....
Faire un placement ....
Faire un retrait ....
Faire un versement ....
Faire un virement ....

6 Les banques reçoivent souvent de leurs clients des lettres assez imprécises. **Récrivez ces deux paragraphes en vous aidant des mots et expressions suivants :**

agios - approvisionner - clôturer - créditer - découvert - dépenses - endosser - RIB (relevé d'identité bancaire) - solde - titulaire

1. <u>Possédant</u> un compte dans votre établissement que je n'utilise plus depuis longtemps, je désire <u>y mettre fin</u>. Je vous prie en conséquence de <u>porter à mon crédit</u> <u>la somme restante</u> sur mon compte au Crédit Agricole dont vous trouverez le <u>relevé</u> ci-joint.

2. Veuillez trouver ci-joint un chèque de 1 500 F dûment <u>signé au dos</u> pour combler <u>le déficit</u> que j'ai sur mon compte et pour lequel vous allez me faire payer des <u>intérêts très élevés</u>. À partir du mois prochain, je pourrai <u>mettre de l'argent</u> de manière plus régulière sur ce compte et faire ainsi face à mes <u>sorties d'argent</u>.

LA BANQUE

ACTIVITÉS LEXICALES

MOYENS DE PAIEMENT

7 **Retrouvez le nom des différents moyens de paiement** mis à la disposition des clients d'une
** banque, en vous aidant, le cas échéant, du premier document de ce dossier.

.... : composées de pièces et de billets, elles ne représentent plus que 5 % de la masse monétaire. Elles demeurent néanmoins le moyen de paiement le mieux adapté pour les petits achats.

.... : créé sous le Second Empire, il représente encore, en volume, 50 % des opérations scripturales.

.... : la France est aujourd'hui, derrière le Japon et devant les États-Unis, le n° 2 mondial pour son utilisation. Les Français en possèdent plus de 20 millions.

.... : automatisé à plus de 90 %, il permet de réaliser des opérations de compte à compte.

.... : entièrement automatisé, il permet le règlement des dépenses régulières. Il représente près de 10 % des opérations en volume.

.... : avec le billet à ordre, ils constituent les effets de commerce ; plus de 160 millions d'entre eux sont émis chaque année en France.

8 **Complétez les phrases suivantes avec le mot ou l'expression qui convient :**
**

1. Si au bout de la troisième tentative, vous n'avez toujours pas composé correctement votre code, le distributeur automatique ne vous .... pas votre carte.

redistribuera - renverra - restituera - retournera

2. Toute ouverture de compte est soumise à une vérification auprès de la Banque de France pour savoir si le futur client n'est .... d'aucune interdiction bancaire.

l'objectif - l'objet - le sujet - le thème

3. Premier .... de prêt à moyen et long terme, le Crédit National dispose d'une gamme complète de prêts adaptés aux besoins des particuliers et des entreprises.

centre - entrepôt - établissement - magasin

4. Un .... détaillé vous permettra mensuellement de vérifier les opérations effectuées sur votre compte.

certificat - dépliant - feuille - relevé

5. Grâce à la carte bancaire, il est désormais possible de disposer d'argent .... à toute heure du jour et de la nuit.

comptant - courant - frais - liquide

6. Veuillez trouver ci-joint un chèque de 6 502,57 F, ... sur la Société Générale.

prélevé - pris - sorti - tiré

DOSSIER 12

7. .... un chèque sans provision est passible de sanctions.
émettre - étendre - rédiger - régler

8. Les établissements Millet ont à nouveau demandé un report d' ....
Qu'en pensez-vous ? C'est la troisième fois en six mois !
accord - échéance - émission - induction

9. Les .... concernant l'encadrement du crédit ont été renforcées par le nouveau ministre des Finances.
dispositions - présentations - prévisions - règles

10. Pendant la durée d'un contrat de qualification, l'entreprise sera ....
des cotisations patronales à la Sécurité sociale.
exceptée - exclue - exemptée - exonérée

JE M'ENTRAÎNE À L'ORAL

M. Bévilacqua, boulanger aux Deux-Alpes (25, route du Refuge, 38860) vient de recevoir un appel de l'un de ses fournisseurs, M. Fleuron. Ce dernier lui signale qu'il a été victime d'un vol et qu'on lui a dérobé, entre autres, le chèque de 3 252,89 F, tiré sur la BNP (12, rue de l'Isère, 73200 ALBERTVILLE) qu'il lui avait adressé. M. Fleuron a déposé une plainte au commissariat d'Albertville et il demande à M. Bévilacqua de faire, le plus rapidement possible, opposition auprès de sa banque et de lui adresser un autre chèque.

9 **Jouez la conversation :**
** 1. entre M. Bévilacqua et M. Fleuron,
2. entre M. Bévilacqua et le responsable de son compte à la BNP qui lui rappelle qu'il doit confirmer l'opposition par écrit.

JE COMMUNIQUE À L'ÉCRIT

LETTRE D'OPPOSITION

10 À partir du plan suivant, **rédigez la lettre envoyée à la BNP par M. Bévilacqua :**
*** – Confirmation de la conversation téléphonique (date et heure)
– Circonstances du vol
– Dépôt d'une plainte au commissariat
– Confirmation de l'opposition
– Formule de politesse.

LETTRE DE DEMANDE DE RENSEIGNEMENTS COMMERCIAUX

Quelques jours plus tard, M. Bévilacqua reçoit la visite de M. et Mme Petiot qui vont ouvrir, la saison prochaine, un petit établissement de restauration rapide (sandwichs, viennoiserie, etc.) dans la station. Ils lui font part de leur intention de se fournir chez lui en pain et pâtisserie, pour un montant mensuel de 12 000 F en moyenne. Avant d'accepter, M. Bévilacqua écrit à l'agence du Crédit Agricole des Ménuires où M. et Mme Petiot tenaient un commerce du même type, afin de s'assurer de leur sérieux et de leur solvabilité.

11 À vous de compléter la lettre ci-dessous :
***

AU FOURNIL
Jacques BÉVILACQUA
Boulangerie artisanale
25, route du Refuge
38860 LES DEUX-ALPES
Tél. / Fax : 04 79 65 89 43

                                    Agence du Crédit Agricole
                                    Les Menuires
Objet : renseignements commerciaux   73440 ST MARTIN DE BELLEVILLE
PJ : ....
                                    Les Deux-Alpes, le 13 juillet ....

    Monsieur le Directeur,

    Je viens de recevoir une proposition de la .... du couple, dont le nom figure .... la fiche ci-jointe, ... la fourniture de pain et de pâtisserie, à partir du 1er décembre prochain, pour un .... mensuel moyen de 12 000 F, ... la moitié à la date de facturation et le solde à 30 jours.

    Ces personnes m'ont donné votre .... comme référence. .... de m'engager dans une relation ...., je .... disposer de certaines .... les concernant :
– régime .... de leur couple,
– date d'........................... dans la station,
– régularités de leurs ....,
– chiffres d'........................... récents,
– solvabilité .... de chacun d'eux, etc.

    Étant donné le caractère .... de ces renseignements, je vous assure de ma totale ....

    Avec mes .... pour votre collaboration, je vous .... d'agréer, Monsieur le Directeur, l'expression de mes salutations distinguées.

CCP : Les Deux-Alpes R 907 Y   RC : Albertville B 37 134 7685

13 LE TRANSPORT LES ASSURANCES

LOGISTIQUE

DOC

Monsieur, savez-vous qu'en regroupant vos stocks, vous faites un pas vers vos clients ?

Vous ne saviez pas ? On ne peut pas tout savoir. C'est justement pourquoi nous allons vous expliquer les réels avantages de cette option. Prenons le cas d'une entreprise de bureautique, symboliquement dénommée Alpha. Alpha, dont les clients sont des revendeurs, des réparateurs et des responsables d'antennes techniques régionales, possède en Île-de-France un dépôt central de 4 000 m² abritant plus de 5 000 références, et sept dépôts régionaux, représentant au total 4 500 m², abritant chacun 900 références. Les dépôts régionaux sont approvisionnés par transporteurs traditionnels à partir du dépôt central, et les clients par transporteurs régionaux ou moyens propres à partir des dépôts régionaux. Résultat : les références à forte rotation, stockées dans les entrepôts régionaux, sont livrées en J+1 pour toute commande passée avant 12 h, alors que les références stockées au dépôt central le sont en J+3. Ce système supporterait parfaitement quelques améliorations, afin, notamment, de réduire les coûts d'entreposage et d'immobilisation des stocks, et d'offrir un niveau de service réellement compétitif. Alpha prend donc la décision de supprimer ses dépôts régionaux, d'informatiser son système de prise de commandes et de faire appel à Chronopost pour approvisionner directement tous ses clients au départ du dépôt central, processus facilité grâce à l'installation par Chronopost d'un système informatisé d'aide à la préparation des expéditions. Alpha constate alors une réduction globale du stock immobilisé de plus de 40 %, récupérant au passage 4 500 m² d'entrepôts. Et, par ailleurs, une réduction de 35 % de la facture logistique globale, alors que les clients, livrés en J+1 matin pour toutes les références, affichent leur satisfaction. Ajoutons que l'heure limite de prise de commandes est reculée à 17 h pour un départ le soir même, Chronopost enlevant les colis à 19 h. Cette fiabilité de service, c'est une des résultantes de l'esprit de collaboration qui lie Chronopost à ses clients. Contactez-nous au 01 46 48 11 00, vous le vérifierez.

C'est en harmonisant leur logistique grâce à l'express que les entreprises pourront réellement se consacrer à leur avenir.

Chronopost. Utilisez-nous comme vous ne l'avez jamais fait.

CHRONOPOST
LES MAITRES DU TEMPS

LE TRANSPORT - LES ASSURANCES

J'ANALYSE LE DOCUMENT

1 Après avoir lu le texte, **complétez la fiche suivante :**

ALPHA
Raison sociale :
Activité :
Nombre de références :
Clientèle :
Localisation des dépôts :
Organisation de la distribution :
Diagnostic :
Objectifs :
Stratégie adoptée :
Intervention de Chronopost :
Résultats :

JE M'ENTRAÎNE À L'ÉCRIT

OBLIGATIONS DES PARTIES

2 **À vous de retrouver,** dans la liste suivante, les obligations qui incombent à l'expéditeur, au transporteur et au destinataire au cours des différentes étapes d'un transport :

OBLIGATIONS	EXPÉDITEUR	TRANSPORTEUR	DESTINATAIRE
1. Prendre livraison de la marchandise			
2. Payer le prix du transport si l'expédition se fait en port payé			
3. Fournir au transporteur tous les documents nécessaires.			
4. Vérifier les marchandises prises en charge			
5. Fournir toutes les indications utiles au transporteur			
6. Mettre les marchandises à la disposition du transporteur			
7. Livrer les marchandises en bon état			
8. Vérifier les marchandises livrées			
9. Emballer convenablement les marchandises			
10. Payer le prix du transport si l'expédition se fait en port dû			

3 **Retrouvez l'ordre chronologique** dans lequel ces différentes obligations se présentent au cours d'une opération de transport.

DOSSIER 13

ÉTIQUETAGE DES MARCHANDISES

À savoir

Lorsque des marchandises nécessitent une manutention spécifique, les chargeurs apposent sur le contenant le marquage exigé par le pays de l'importateur ou celui recommandé par l'Association Internationale de Normalisation (ISO).

DOC

J'ANALYSE LE DOCUMENT

4 **À vous de retrouver les indications** figurant sur les étiquettes utilisées pour le marquage des marchandises.

Conserver réfrigéré - Fragile - Garder à l'abri de l'humidité - Manipuler avec précaution - Ne pas empiler - Ne pas réfrigérer - Ne pas rouler - Ne pas secouer - Ne pas utiliser de crochet - Périssable - Protéger de la chaleur

5 Choisissez six étiquettes. Indiquez pour chacune sur quel type de marchandises elle pourrait être apposée.

LE TRANSPORT - LES ASSURANCES

JE COMMUNIQUE À L'ÉCRIT

RÉCLAMATION

6 *** Le directeur commercial de la Verrerie Alsacienne vous a laissé cette lettre sur votre bureau, après y avoir fait figurer les éléments de réponse.

À vous de rédiger la lettre.

Laboratoire d'analyses
PHYDOC
28, place des Tilleuls
88200 REMIREMONT
Tél. : 03 29 76 85 89 - Fax : 03 29 76 86 90

[Annotation manuscrite : Accuser réception]

Verrerie Alsacienne
Service commercial
ZI du Pré Clos
67190 Mutzig

Objet : V/ livraison du …

Remiremont, le 12 octobre …

Monsieur,

[Annotation manuscrite : Surprise ! Aucun problème jusque là !]

Nous accusons réception des marchandises faisant l'objet de notre commande n° 205 du 8 courant :
- 150 tubes à essai mod. T 56
- 50 doseurs mod. D 25
- 100 pipettes petit modèle

[Annotation manuscrite : Passage de l'expert dans le courant de la semaine]

Lors de la vérification, nous avons constaté que 35 pipettes étaient brisées alors que le carton était intact.

Nous avons pris contact avec le transporteur qui a dégagé sa responsabilité dans la mesure où l'emballage extérieur n'avait subi aucun dommage.

Nous tenons le matériel détérioré à la disposition de votre assureur et vous prions de bien vouloir procéder le plus rapidement possible au remplacement des 35 pipettes.

Veuillez agréer, Monsieur, l'expression de nos salutations distinguées.

[Annotation manuscrite : Colis expédié ce jour par chronopost. Excuses]

Christine Bertherault
Directrice

SCP N° d'autorisation SP 8817 N° national 883000825
Membre d'un centre de gestion agréé, le règlement par chèque est accepté.

DOSSIER 13

COUVERTURE DES RISQUES

JE M'ENTRAÎNE À L'ORAL

7 Avant de répondre à la lettre du laboratoire Phydoc, M. Bache, directeur commercial de la Verrerie Alsacienne, a téléphoné à sa compagnie d'assurance, les AGF, pour les informer du bris des pipettes au cours du transport.

Jouez la conversation entre M. Bache et Mme Meurtaud, agent d'assurance, qui demande des précisions sur les conditions de transport et sur l'emballage des marchandises expédiées. Un expert sera envoyé au laboratoire d'analyses pour déterminer les responsabilités.

8 **Retrouvez, dans la grille ci-dessous, les vingt mots clés de l'assurance** qui correspondent aux définitions suivantes :

1. Événement incertain contre lequel on s'assure
2. Somme versée par l'assuré à sa compagnie
3. Réparation financière d'un dommage
4. Risque réalisé
5. Mettre fin au contrat
6. Matérialisation du contrat
7. Modification apportée au contrat
8. Pénalise les mauvais conducteurs
9. Récompense les bons conducteurs
10. Part d'un dommage restant à la charge de l'assuré
11. Préjudice subi
12. Dommage survenu au cours d'un transport
13. Disposition particulière d'un contrat
14. Intermédiaire entre les deux parties contractantes
15. Affirmation écrite ou orale de l'existence d'un fait
16. Paiement d'une indemnité
17. Tort causé ou subi
18. Qui couvre plusieurs risques
19. Autrui
20. Personne ayant assisté à un événement

A	I	E	M	N	D	C	V	B	S	N	I	O	M	E	P
Z	E	T	U	O	T	F	Y	U	I	P	U	S	D	G	O
S	U	I	L	I	A	R	L	F	G	H	J	M	I	L	L
I	Q	N	T	T	U	A	V	E	N	A	N	T	N	O	I
N	S	M	I	A	P	N	S	Q	R	T	D	B	D	U	C
I	I	E	R	R	R	C	R	E	S	I	L	I	E	R	E
S	R	D	I	A	E	H	Z	S	V	B	E	T	M	Y	I
T	E	N	S	L	J	I	F	U	X	C	T	E	N	R	M
R	Y	I	Q	C	U	S	O	A	E	O	A	M	I	G	B
E	M	D	U	E	D	E	B	L	G	U	C	O	S	F	E
T	T	A	E	D	I	I	O	C	A	R	V	I	A	O	I
H	I	R	L	R	C	T	N	I	M	T	E	N	T	U	T
S	D	E	A	U	E	S	U	R	M	I	E	M	I	R	P
X	E	V	R	W	S	Y	S	U	O	E	S	A	O	L	D
E	A	Y	I	S	M	V	C	O	D	R	P	K	N	R	O

LE TRANSPORT - LES ASSURANCES

DOC

AXA ASSURANCES

Artisans et commerçants
Rien ne doit vous arrêter

Allez-y **nous nous engageons**

Votre Agent Général AXA Assurances : l'expert de votre sécurité professionnelle

■ LA MULTIRISQUE LA MIEUX ADAPTEE AUX PARTICULARITES DE VOTRE METIER

DES GARANTIES A LA CARTE

Votre métier ne se compare à aucun autre. Il a ses exigences. C'est pourquoi, en plus des garanties classiques, la Multirisque professionnelle d'AXA Assurances vous offre des extensions spécifiques qui correspondent précisément aux besoins de votre profession.

UN CONTRAT CONSTRUIT AVEC PRECISION, PIECE PAR PIECE

Votre Agent Général sera toujours de bon conseil pour vous aider dans vos choix. C'est bien sûr avec lui que vous pèserez le pour et le contre avant de :

- *choisir le montant de vos garanties :* vous assurerez ainsi juste ce qui est nécessaire et pas plus.
- *déterminer le montant de vos franchises :* vous pourrez ainsi diminuer de façon substantielle le coût de vos cotisations.

LE CONTRAT CLAIR ET PRECIS QUE VOUS ATTENDEZ

Vous n'aurez pas à vous prendre la tête entre les mains pendant des heures avant de savoir ce qui est assuré et ce qui ne l'est pas. Votre contrat est écrit dans un langage simple et vous vous y retrouverez facilement. Par exemple, pour chaque garantie, un tableau vous indique instantanément et avec précision *ce pourquoi* vous êtes couvert et *comment* vous serez indemnisé.

■ POUR BENEFICIER D'UN NIVEAU SUPERIEUR DE PROTECTION

POUR LES CONSEQUENCES FINANCIERES D'UN ARRET D'ACTIVITE

Quelle qu'en soit la cause, un arrêt d'activité entraîne des difficultés de trésorerie. En cas d'incendie ou de dégâts des eaux, une indemnisation des dommages subis est souvent insuffisante.
En effet, la perte de chiffre d'affaires pendant la fermeture provisoire peut vous empêcher de faire face aux charges fixes.
La garantie Perte d'Exploitation que vous propose votre Agent Général prend en charge tous ces frais et vous indemnise pour le bénéfice perdu jusqu'à la reprise de votre activité. De plus, elle vous indemnise des frais supplémentaires nécessaires pour vous aider à redémarrer rapidement.

POUR VOTRE RESPONSABILITE PROFESSIONNELLE

Vous mettez bien sûr tout en oeuvre pour satisfaire votre clientèle. Malgré tout, votre responsabilité peut être recherchée...
La garantie Responsabilité Professionnelle vous permet d'être défendu et vous évite les mauvaises surprises financières.

POUR LES DOMMAGES AUX EQUIPEMENTS PROFESSIONNELS

Pour vous éviter de souscrire plusieurs contrats, l'assurance de vos équipements professionnels vous est proposée dans votre Multirisque :
- garantie "Bris de machine ou de matériel informatique",
- garantie "Dommages aux marchandises et matériels transportés".

Faire confiance à la compétence de votre Agent Général AXA Assurances c'est, pour vous, gagner en sécurité et en simplicité.

J'ANALYSE LE DOCUMENT

9 ** Après avoir pris connaissance du document ci-dessus, **répondez aux questions suivantes :**

1. Qu'est-ce qui fait l'originalité de la multirisque professionnelle d'AXA Assurances ?
2. Quel est le rôle de l'Agent Général de la compagnie ?
3. Comment est-il possible de réduire le coût de la prime ?
4. Qu'est-ce qui facilite la lecture du contrat ?
5. En quoi consistent les charges fixes d'une entreprise ?
6. Que couvre la garantie perte d'exploitation ?
7. Pourquoi est-elle intéressante ?
8. Dans quelles circonstances la responsabilité professionnelle d'un artisan ou d'un commerçant peut-elle être mise en cause ?

DOSSIER 13

JE COMMUNIQUE À L'ÉCRIT

10 Vous êtes Agent général de la Compagnie AXA Assurances et vous souhaitez faire connaître
★★★ ce nouveau contrat à vos clients commerçants et artisans.
Vous préparez, à partir du plan suivant, une circulaire à leur intention :
- Rappel de leur bonne relation professionnelle
- Brève présentation du nouveau produit en insistant sur la possibilité de moduler le contrat en fonction de chaque métier
- Nécessité d'une évaluation précise des risques à couvrir et des franchises
- Proposition de rencontre
- Formule de politesse.

JE M'ENTRAÎNE À L'ORAL

11 M. Cottet, boulanger-pâtissier, assuré depuis de nombreuses années chez AXA Assurances,
★ désire avoir des précisions sur les avantages de ce nouveau contrat et sur la possiblité de réduire sa cotisation. Après lui avoir montré les avantages de cette formule, vous lui proposez un rendez-vous dans son magasin.
Jouez la conversation.

UN PEU D'HUMOUR !

12 Toute activité humaine comporte des risques.
★★★ En vous inspirant du dessin suivant, **dressez une liste de conseils à l'usage des employés de bureau.**

© G. Mathieu, *Tendances Lourdes*,
éd. *Alternatives économiques*, 1995

L'accident de travail est rarement une fatalité. Il est le fruit de tout un environnement.

LE TRANSPORT - LES ASSURANCES

ACTIVITÉS LEXICALES

13 Chassez l'intrus et justifiez votre choix :

1. chaland - péniche - barge - catamaran
2. fourgonnette - tracteur - camion-citerne - semi-remorque
3. viaduc - oléoduc - gazoduc - aqueduc
4. voie ferrée - voie publique - voie fluviale - voie aériennne
5. connaissement - lettre de voiture - lettre de change - lettre de transport

14 Complétez les phrases suivantes avec le mot ou l'expression qui convient :

1. Soyez assuré que nous mettrons tout .... pour que les marchandises vous parviennent dans les meilleures conditions.
   en avant - en œuvre - en place - en sécurité

2. Le plan d'investissement prévu pour les cinq prochaines années devrait permettre à notre entreprise de se hisser au premier rang des sociétés les plus .... du secteur.
   gagnantes - gratifiantes - payantes - performantes

3. Les principaux syndicats des dockers ont lancé un .... de grève si les négociations n'aboutissent pas avant la fin de la semaine.
   avis - préalable - préambule - préavis

4. La prochaine campagne de prévention des accidents de la route sera .... par les cinq premières compagnies d'assurances françaises.
   adoptée - parrainée - participée - surveillée

5. Les statistiques du deuxième semestre laissent .... une nette diminution des accidents de la route.
   apercevoir - confirmer - entrevoir - réviser

6. Le volume des marchandises transitant par l'aéroport a doublé en dix ans ; il devient urgent de construire une nouvelle aérogare pour ....
   l'approvisionnement - le fret - le stock - le transfert

7. Le tunnel sous la Manche a été financé par des capitaux privés, il ne devrait rien coûter aux .... français et anglais.
   actionnaires - contribuables - correspondants - participants

8. Logisticien : un nouveau métier qui est amené à jouer un rôle .... dans les stratégies de distribution des grandes entreprises.
   décidément - définissable - définitif - déterminant

9. La suppression des .... douanières dans l'Union européenne a profondément transformé le secteur des transports et des transitaires.
   barrières - perceptions - prévisions - taxes

10. Les marchandises seront .... par train jusqu'à la frontière.
    acheminées - entreprises - reçues - remises

14 LES TÉLÉCOMMUNICATIONS
L'entreprise au seuil du 3ᵉ millénaire

MATÉRIEL INFORMATIQUE

ACTIVITÉS LEXICALES

1 Retrouvez dans la liste suivante le nom de chacun des éléments qui forment l'ensemble
*   informatique ci-dessus :

clavier - disquette - écran - haut-parleur - imprimante - logiciel - souris - tapis - unité centrale / disque dur

LES TÉLÉCOMMUNICATIONS

Miser sur le multimédia

Le multimédia, c'est le départ vers de nouvelles formes de communication d'entreprise, la possibilité de s'initier aux toutes prochaines techniques de vente et de publicité.

Il faut savoir vivre avec l'informatique d'aujourd'hui, non pas pour être à la mode, mais pour pouvoir tirer réellement profit de tout ce qui se fait de mieux. En 1997, il faut miser sur l'ordinateur multimédia qui pourra accomplir, bien entendu, les tâches habituelles de l'informatique (courrier, comptabilité, service commercial), mais aussi celles de la communication d'entreprise. Concrètement, c'est la possibilité d'intégrer le son, la vidéo, les présentations animées de votre société (pour des démonstrations commerciales ou des séances de formation), la consultation de banques de données multiformes (CD-Rom, vidéo ou bande son), la messagerie interne (vocale ou vidéonumérique)...

Comment vous équiper

Dans le cas d'un premier équipement, mieux vaut miser sur des produits entièrement configurés en multimédia, car les ajouts de cartes son ou vidéo et lecteur de CD-Rom extérieurs sont parfois plus fastidieux. Deux constructeurs répondent particulièrement à cette demande, compte tenu des prix qu'ils pratiquent : Compaq et Packard Bell.

Nouveau : les PC télé multimédia

Le tout nouveau Compaq Presario CDTV 528 est un des premiers ordinateurs totalement multimédia : il intègre télévision, répondeur téléphonique, fax, modem, lecteur de CD-Rom audio, haut-parleurs stéréo et écran couleur. Avantage indéniable pour le néophyte : une seule prise et un seul bouton pour sa mise en route. Petit détail : l'image télé peut apparaître en plein écran ou dans un coin, tout en laissant la possibilité d'utiliser parallèlement les autres fonctions du micro, comme l'envoi d'un fax, la rédaction d'un courrier... Son prix : 13 000 F HT.
Avec le modèle Spectria, Packard Bell propose également le tout en un : lecteur de CD audio, CD-Rom, son tridimensionnel, TV Secam, fax, modem, Minitel intégré... Son prix : 10 900 F HT.

Les conditions techniques

Sachez qu'un ordinateur multimédia n'est pas forcément plus puissant qu'un autre, et que pour utiliser certaines applications sophistiquées vous devrez peut-être ajouter de la mémoire et de l'espace disque.
Fondamentalement, pour profiter pleinement des applications multimédia, il vous faut une carte mère extensible jusqu'à 64 Mo, un contrôleur vidéo et un disque dur d'une taille importante : miser sur plus de 300 Mo. Le lecteur de CD-Rom devra fonctionner en double vitesse, et la carte son devra être de 16 bits. Prévoir la présence d'un bus PCI permettant l'insert de la carte d'acquisition vidéo de contrôleur SCSI.

E.V.

(d'après *Défis*, n° 129, juin 1995)

J'ANALYSE LE DOCUMENT

2 Après avoir lu le texte, **indiquez si les affirmations suivantes sont vraies ou fausses** :

	VRAI	FAUX
1. Les banques de données peuvent se présenter sous diverses formes.	☐	☐
2. Il est facile d'adapter les anciens modèles aux nouvelles technologies.	☐	☐
3. L'achat d'un ordinateur multimédia exige une adaptation de l'installation électrique.	☐	☐
4. Avec un ordinateur multimédia, il est possible de regarder son émission favorite à la télévision et de taper son courrier en même temps.	☐	☐
5. Le modèle Presario CDTV 528 intègre le Minitel.	☐	☐
6. Un ordinateur multimédia possède généralement une puissance et une capacité supérieures à celles d'un micro classique.	☐	☐
7. Il est possible d'incorporer une carte d'acquisition vidéo directement sur un ordinateur multimédia.	☐	☐
8. L'ordinateur multimédia peut être utilisé comme un outil marketing.	☐	☐

INTERNET

Entrez dans le réseau Internet

Internet, réseau des réseaux, Minitel mondial, galerie commerciale planétaire ou miroir aux alouettes ? Les PME ont-elles intérêt à se lancer dans cette préfiguration des autoroutes de l'information ? Présentation et utilité de ce réseau.

• Qu'est-ce qu'Internet ?

Internet est à la fois une librairie, une photothèque, une vidéothèque, une audiothèque, une banque de logiciels et un immense musée. C'est également une poste mondiale grâce au courrier électronique. En réalité, il s'agit d'une immense toile d'araignée, formée elle-même de milliers de réseaux reliés entre eux.

En 1969, le Pentagone crée un réseau expérimental, Arpanet, destiné à partager les ressources de ses sites militaires afin de rendre les lieux stratégiques accessibles en cas de guerre nucléaire. D'autres réseaux, scientifiques ou industriels, ont été créés par la suite et se sont connectés entre eux.

C'est en 1986 que le Net, nom courant d'Internet, a adopté sa forme actuelle. Au départ, l'accès à Internet était compliqué. Un système d'exploitation peu convivial obligeait l'utilisateur à employer des commandes obscures et peu pratiques. Mais il a permis de découvrir trois applications qui vont rapidement devenir très populaires : le courrier électronique, le transfert de fichiers et les forums de discussion ou *newgroups*. Il devient alors possible de se passer de la poste pour envoyer et recevoir des messages, indépendamment de l'heure et du lieu où l'on se trouve, de la carte postale au livre de 500 pages, en passant par des programmes. Quant aux forums de discussion, ils permettent aux chercheurs d'échanger leurs idées et de trouver facilement des informations sans avoir à se déplacer.

Au début des années 90, Internet commence à toucher des utilisateurs individuels. D'abord, les étudiants puis les employés des grandes entreprises qui se connectent eux aussi. De son côté, la micro-informatique devient de plus en plus conviviale et puissante. Il ne manque alors que deux choses pour rendre Internet totalement accessible : des outils et des logiciels de communication à des prix abordables pour le grand public. Désormais, on trouve des modems assez rapides pour moins de 1 000 francs. La première partie du postulat est remplie.

• Et le World Wide Web ?

World Wide Web, WWW, Web ou W^3 signifie «toile d'araignée mondiale». C'est la partie grand public et commerciale d'Internet. Plus de commandes absconses pour s'y promener (on dit naviguer ou surfer). La notion de base est la page. Lorsqu'on se connecte, on accède à une page d'accueil Web. Mais on ne tourne pas les pages, on se sert du pointeur de sa souris et on clique sur certains mots ou graphiques, mis en valeur par une couleur spécifique, généralement en bleu souligné. Ces zones de texte sont appelées des liens ou des ancres. Le simple fait de cliquer sur un lien permet d'accéder à une autre page, n'importe où sur Internet, sur le même serveur comme sur un autre ordinateur pouvant être situé à des milliers de kilomètres. Une autre page s'ouvre, proposant d'autres choix. Vous surfez sur le Net, chaque clic de souris vous fait accéder à un nouveau domaine traversant serveurs et pays. Le principe permettant de relier toutes les informations entre elles s'appelle l'hypertexte. Pour accéder au WWW, il faut disposer d'un logiciel spécifique, d'un navigateur fonctionnant sur tous les micro-ordinateurs, Macintosh comme PC Windows. Aujourd'hui, le plus utilisé s'appelle Netscape.

• Comment y accéder ?

Vous devez vous abonner à un opérateur ou à un fournisseur d'accès, lui-même relié au réseau Internet. Il vous fournira un code d'accès et un mot de passe qui seront exigés lors de chaque connexion. En règle générale, il vous fournira également l'ensemble des logiciels nécessaires. Ajoutez un modem haute vitesse, et le tour est joué.

• Quel matériel utiliser ?

Tous les micro-ordinateurs peuvent se connecter au Web. Il suffit, si on possède un PC Windows ou un Macintosh, de se doter d'un modem équipé des logiciels spécifiques. Olitec FaxModem 14400 de poche est un des moins chers :

.../...

LES TÉLÉCOMMUNICATIONS

.../...
1 000 francs TTC. Il est disponible dans la plupart des grandes surfaces spécialisées et des hypermarchés.

• **Son utilité pour l'entreprise**
Pour une PME, se doter d'un accès à Internet permet dans un premier temps d'échanger du courrier ou des fichiers, même importants, sans passer par la Poste. Un commercial en déplacement pourra très simplement communiquer avec sa société à partir de son ordinateur partout dans le monde. Il pourra également se faire envoyer des documents par le même biais. D'autre part, de nombreux logiciels permettent de faire des recherches documentaires à partir de mots-clés. Il existe également des sites Web, du type Pages Jaunes, où sont référencées de nombreuses entreprises, accessibles par mots-clés.

Après avoir pratiqué suffisamment le Net, et si vous souhaitez que votre entreprise soit présente sur le réseau des réseaux, vous pourrez faire sa promotion mondiale sur le Web, en créant votre propre page Web. Dans un premier temps, faites-vous héberger sur le site d'un fournisseur d'accès qui vous aidera à créer votre page. France Net, Calva-Com, Imaginet, ou encore Pacom fournissent des services allant de l'hébergement à la réalisation clé en main. Mais attention, vous entrez dans la jungle Internet. Les prix y sont conséquents. Comptez 1 000 francs HT par mois pour le référencement sur les serveurs annuaires de recherche, indispensable si l'on veut être vu internationalement.

Enfin, il vous faudra animer votre page, répondre aux questions et en changer la présentation très souvent. Une page peu active est une page morte. C'est à ce prix que vous ferez partie du cercle mondial des acteurs du Web.

Olivier Brusset

(d'après *Défis*, n° 137, mars 1996)

J'ANALYSE LE DOCUMENT

3 A. Complétez cette fiche de synthèse après avoir lu le texte ci-dessus :
1. Quel est le thème de l'article ?
2. Quels sont les différents éléments qui forment Internet ?
3. Qu'est-ce qui est à l'origine d'Internet ?
4. Qu'a permis de découvrir le premier système d'exploitation ?
5. Quels sont les avantages d'Internet ?
6. Quels en ont été les premiers utilisateurs individuels ?
7. Sur le plan technique, qu'est-ce qui a favorisé le développement d'Internet ?
8. Que signifie WWW ?
9. Quelle est sa principale caractéristique ?
10. De quel matériel a-t-on besoin pour accéder au réseau ?
11. Quelle en est la modalité d'accès ?
12. Quels sont les avantages d'Internet pour une entreprise ?
13. Que peut faire, dans une première étape, une entreprise sur Internet ?
14. Quel est le conseil donné par l'auteur de l'article à une entreprise qui veut faire ses débuts sur Internet ?
15. Quel est le principal obstacle d'une présence sur Internet ?
16. Reformulez la conclusion.

B. Pensez-vous qu'Internet n'est qu'une mode passagère ou au contraire qu'il s'agit d'un tournant décisif dans l'évolution de la communication ? (15 lignes maximum)

INFORMATIQUE ET MARKETING

EXPOSER DANS UN SALON VIRTUEL

La prospection du marché étranger est une lourde charge pour un futur exportateur, surtout lorsqu'il dirige une petite entreprise dépourvue de notoriété.
Or, comment se faire connaître à l'extérieur lorsqu'on ne dispose pas de moyens pour se faire représenter ?

Le CD-Rom Kyte peut vous aider dans cette .... Développé par le groupe IP, grande régie publicitaire, ce nouvel outil a pour objet de présenter l'..................... économique française dans plus de 120 .... Ces informations seront diffusées auprès des ...., des chambres de commerce et d'industrie, des grandes sociétés locales et d'autres .... susceptibles d'être des .... pour des produits français.

Trois vitrines sont possibles. Dans sa présentation, ce produit est tout à fait .... Par le .... du CD-Rom Kyte, l'entreprise peut se présenter de trois façons .... Le stand : présentation générale de la société. Le corner : plus complet dans l'information, on y présente les actionnaires de l'entreprise, les .... sociales et financières, la description détaillée des produits, les technologies ...., avec un diaporama permettant de les visualiser. Le showroom : plus .... que le corner, il met en scène un diaporama plus complet et un film institutionnel de vingt secondes. Le coût de .... varie entre 30 000 et 200 000 francs par an.

Cet .... de communication devrait être mis en .... dans le courant du mois de janvier.

(d'après *Défis* n° 135, janvier 1996)

J'ANALYSE LE DOCUMENT

4 **Complétez le texte à l'aide des mots suivants :**
**
ambassades - biais - client - démarche - différentes - données - institutions - maîtrisées - novateur - offre - outil - participation - pays - place - sophistiqué

LES TÉLÉCOMMUNICATIONS

LE TÉLÉPHONE ET SES SERVICES

LE MINITEL

À savoir

Fourni par l'administration des Postes et Télécommunications à tout abonné du téléphone qui le demande, le Minitel est constitué d'un petit écran et d'un clavier, connectés à une ligne téléphonique. Grâce à un numéro d'accès qui détermine la tarification applicable à l'appel, il permet d'obtenir les informations les plus variées, de réaliser des opérations bancaires, d'effectuer des réservations, de faire des achats, de les régler, etc. Mis en service au début des années 80, plusieurs millions d'entreprises et de foyers français en sont aujourd'hui équipés.

DOC

MAGIS

Pensé et dessiné par France Télécom, Magis est le Minitel nouvelle génération. Plus petit, plus compact, plus facile à utiliser, c'est une autre façon de vivre le Minitel au quotidien.

★

Magis allie la convivialité à l'innovation. Chacun se l'appropriera selon ses habitudes, assis, debout, ou même allongé. Il a été conçu pour cela. L'assistant Magis (mode d'emploi intégré) vous rend l'utilisation plus facile et grâce au lecteur de cartes à puce incorporé, de nouveaux services s'offrent à vous.

★

Magis bénéficie d'une esthétique contemporaine, de lignes rondes ou tendues et d'un choix de 6 couleurs en harmonie avec votre intérieur.

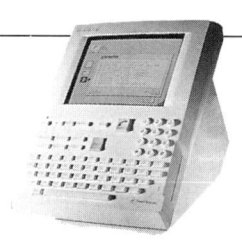

Le lecteur de cartes à puce

Permet :
- le télépaiement (paiement par carte bancaire dans les mêmes conditions de sécurité que chez un commerçant)
- l'utilisation de cartes à puce pour de nouveaux usages
  (ex. : la carte Magis devient la clé du Minitel)

L'assistant Magis

C'est une aide à l'utilisation qui propose :
- un mode d'emploi intégré
- des messages adaptés à chaque situation pour guider l'utilisateur

Les autres fonctions du Minitel

- appel direct au clavier
- protection par mot de passe et désactivation temporaire
- fonction loupe
- reconnaissance du Signal d'Appel
- connexion automatique
  (inutile d'appuyer sur Connexion/fin)

J'ANALYSE LE DOCUMENT

5 **Retrouvez dans la fiche de présentation de Magis les mots ou expressions dont les équivalents se trouvent dans la liste suivante :**

aider - aisé - code d'accès - emploi - en fonction de - faire sien - instructions - intégré - moderne - nouveauté - orienter - provisoire - suspension des fonctions - unir - usager

6 Sur le modèle de la présentation du nouveau Minitel, **rédigez à votre tour la fiche de présentation d'un nouveau modèle de téléphone portable.**

DOSSIER 14

LA TÉLÉCONFÉRENCE

> **DOC**
>
> **LES TECHNIQUES QUI AMÉLIORENT LA PRODUCTIVITÉ**
>
> **La téléconférence pour réunir les collaborateurs**
>
> Le principe de la téléconférence consiste *(en - à)* faire converser plusieurs interlocuteurs *(sur - par)* une même ligne. Ainsi, il n'est pas nécessaire de les réunir en un même lieu *(pour - par)* les faire dialoguer. *(Chez - Pour)* France Télécom, ce service est facturé 75 francs l'heure *(par - pour)* participant. La ligne de réunion doit être réservée au moins deux heures *(à - par)* l'avance. Il suffit ensuite de communiquer *(aux - avec les)* participants le numéro attribué *(pour - par)* France Télécom au moment de la réservation, ainsi que l'heure à laquelle la téléconférence débute.
>
> *(Pour - Chez)* Génésys, le fonctionnement est différent. Le client se voit attribuer un numéro *(de - en)* permanence, moyennant un abonnement annuel de 2 900 francs et 93 francs *(de - en)* coût horaire *(par - pour)* participant. Le système fonctionne comme une salle *(de - à)* réunion virtuelle, possédant même son « salon d'accueil », un procédé technique qui donne la possibilité *(au - du)* chef de réunion *(de - ø)* dialoguer un moment *(avec - à)* un participant avant *(de - ø)* le laisser entrer avec les autres *(à - dans)* la salle.
>
> Dernière solution : acquérir un autocommutateur pourvu *(avec - d')* un module de téléconférence qui permet *(de - ø)* réunir jusqu'à sept personnes.

(d'après *L'Essentiel du management*, n° 11)

JE M'ENTRAÎNE À L'ÉCRIT

7 Choisissez la préposition qui convient.
***

ACTIVITÉS LEXICALES

8 Chassez l'intrus en justifiant votre choix :
*
1. disquette - disque dur - bande magnétique - CD
2. minitel - photocopieur - fax - télex
3. surfer - rouler - naviguer - se promener
4. serviteur - serveur - programme - logiciel
5. magnétoscope - imprimante - souris - scanner

9 Écrivez le mot qui manque :
**

.... { d'échéance / de caducité / de livraison

.... { de motivation / de change / de voiture

.... { routière / à puce / bleue

.... { commercial / d'assurance / immobilier

LES TÉLÉCOMMUNICATIONS

.... { consulaire / pro-forma / d'expédition .... { documentaire / bail / irrévocable

.... { propres / de roulement / de commerce .... { aux enchères / au comptant / à la sauvette

.... { intérieur / au comptant / judiciaire .... { de livraison / de réflexion / de paiement

10 **Complétez les phrases suivantes** avec le mot ou l'expression qui convient :
**

1. Les fabricants de matériel informatique ont réalisé d'importants investissements pour améliorer la .... de leurs appareils.
convivialité - face - présence - prestance

2. Le développement d'Internet a mis à l'ordre du jour l'expression «........................ de l'information».
autoroutes - pistes - routes - voies

3. Le gouvernement a décidé de mettre fin à la .... postale dont bénéficiaient de nombreux services publics.
distribution - franchise - régie - réglementation

4. N'oubliez pas de .... la machine à café avant de partir en week-end !
débrancher - déconnecter - défaire - démonter

5. Le technicien a été obligé de changer l'.......................... et certains messages ont été effacés.
interface - interligne - intermède - intermédiaire

6. .... le combiné avant d'introduire votre carte ou de composer un numéro vert.
accrochez - décrochez - enlevez - relevez

7. L'informatique permet de traiter des .... en un temps record.
dates - détails - données - renseignements

8. Un coupon réponse permettra aux personnes intéressées de recevoir un devis gratuit par .... de courrier.
défaut - recul - retour - revanche

9. Notre fichier clients vient d'être informatisé, la .... des données a été très longue.
mise - rentrée - saisie - transcription

10. L'informatisation a permis d'améliorer la .... des entreprises.
compétition - compétitivité - composante - concurrence -

DOSSIER 14

JE M'ENTRAÎNE À L'ÉCRIT

11 **Complétez les phrases suivantes :**
**

1. Si ……………………….…… dans un délai de ……………………………………….

2. À la suite de ………………………………………………………………………………..

3. Puisque ………………….……………… nous aimerions …………………………….

4. Il ne nous est pas possible de ……………………….……, d'autant plus que ……………….

5. Les résultats …………….……………………, en conséquence ………………….……..

JE COMMUNIQUE À L'ÉCRIT

NOTE DE SERVICE

12 Afin de mieux contrôler les dépenses téléphoniques de l'entreprise Armel, son directeur finan-
** cier, M. Delteil, a fait installer un logiciel relié au standard. Ce logiciel permet d'obtenir la liste mensuelle des numéros appelés avec indication de la date, de l'heure, de la durée et du montant de la communication pour chacun des postes et des services.

Rédigez la note de service adressée à l'ensemble du personnel annonçant la mise en service de ce système à partir du 1er janvier prochain.

JE M'ENTRAÎNE À L'ORAL

13 Après avoir pris connaissance de la note de service, la déléguée syndicale de l'entreprise,
*** Mme Gaillac, réunit les représentants des différents services (production, vente, exportation, administration), afin de préparer la réunion qu'elle doit avoir avec M. Delteil. Ceux-ci se plaignent de ne pas avoir été consultés. Tout en reconnaissant qu'il faut contrôler les dépenses, ils pensent que la mesure adoptée révèle un manque de confiance flagrant de la part de la direction envers le personnel.

Jouez la discussion entre les représentants des différents services et Mme Gaillac.

14 Mme Gaillac est reçue par M. Delteil. Elle lui fait part du malaise de l'ensemble du personnel,
*** qui n'a pas été consulté au sujet de l'installation du logiciel «mouchard».

Jouez la discussion entre ces deux personnes, en insistant, d'une part, sur les abus et la nécessité de contrôler et de réduire la facture téléphonique pour le bien de l'entreprise ; d'autre part, sur la confiance et le sens de la responsabilité des salariés, et surtout sur la nécessité d'arriver à un consensus sur la manière de contrôler les appels téléphoniques.

LES TÉLÉCOMMUNICATIONS

En guise de conclusion, un peu de science-fiction !

15 **Trouvez une ou plusieurs utilités** à chacun des accessoires qui composent la panoplie du
★★★ parfait commercial du XXIe siècle. (Humour bienvenu !)

© G. Mathieu, *Tendances Lourdes*,
éd. Alternatives économiques, 1995

Annexes

LA COMMUNICATION ÉCRITE

Malgré le développement des moyens modernes de communication dans les entreprises (téléphone, télex, télécopie, courrier électronique), les communications par lettre sont nombreuses.

On appelle correspondance commerciale l'ensemble des lettres échangées dans le cadre d'opérations de commerce.

La lettre commerciale doit pouvoir être lue rapidement. Elle énoncera les faits de façon claire et précise. Les phrases sont généralement simples et parfois courtes.

Il ne faut pas oublier qu'elle peut servir de preuve et qu'elle devra donc être rédigée en termes précis et mesurés.

CONSEILS

- Bien ordonner les idées.
- Suivre un plan qui permettra de classer ces idées dans un ordre logique.
- Diviser la lettre en paragraphes.
- Veiller à la ponctuation.

CONTENU

- Le début de la lettre variera en fonction de son objet (première prise de contact, commande, réclamation, demande de renseignements, etc.). Il convient de bien le rédiger car il s'agit du premier contact avec le destinataire.
- La conclusion a pour but d'exprimer au destinataire ce que l'on attend de lui.
- La formule de politesse doit tenir compte des relations entre l'expéditeur et le destinataire, ainsi que du contenu de la lettre.

ANNEXES

DISPOSITION DE LA LETTRE

L'en-tête : nom (ou raison sociale), adresse, n° de téléphone de l'expéditeur et n° de fax. S'il s'agit d'une société, forme juridique et montant du capital (en particulier pour les SA et les SARL), n° du registre du commerce et des sociétés, n° de compte (bancaire et/ou postal). Certaines de ces mentions peuvent se trouver dans la zone inférieure de la lettre.

Destinataire : nom et adresse de la personne à qui est adressée la lettre (il peut s'agir également d'une raison sociale).

Objet : brève indication du contenu de la lettre.

Références : références de la lettre à laquelle on répond (V/Réf) et celles de l'expéditeur (N/Réf.)
Il s'agit le plus souvent des initiales de la personne qui envoie la lettre, de celle qui la tape et, éventuellement, d'un numéro d'ordre.

P.J. : pièces jointes. Si des documents sont joints à la lettre, préciser leur nombre et leur nature.

MAGASINS "LES JEUNES MARIÉS"
24, rue du Charolais - 75012 PARIS
Tél - Fax : 01 43 43 87 59

Porcelaines Pyrovair
98, route de Bordeaux
37000 LIMOGES

Objet : commande
[V/Réf. : -]
N/Réf. : AC/PC/19
[P.J. : -]

Paris, le 11 juin …

Messieurs,

Veuillez me faire parvenir dans les meilleurs délais et dans les conditions habituelles de vente (emballage compris et livraison franco de port par le Sernam) :
- Série Louis XV Décor Fleury :
  - 60 assiettes creuses à 65 F.
  - 120 assiettes plates à 65 F.
  - 60 assiettes à dessert - 50 F.
  - 10 services à café complets à 925 F.
- Série Madame Pompadour Décor Derby :
  - 10 soupières à 400 F.
  - 6 saladiers (diam. 30 cm) à 275 F.

Etant donné l'importance de ma commande et l'ancienneté de nos relations, je vous demanderai, exceptionnellement, de me permettre de régler votre facture à 90 jours.

Veuillez agréer, Messieurs, l'expression de mes sentiments distingués.

A. Chevalier

SARL au capital de 100 000 F. RCB 643320068 Paris

Ville d'origine de la lettre et date.

Interpellation : titre du destinataire.

Corps de la lettre :
- formule d'attaque
- développement
- conclusion
- formule de fin de lettre (de politesse), dans laquelle on doit retrouver le titre du destinataire.

Signature de l'expéditeur, toujours manuscrite, précédée de sa fonction et éventuellement, le nom dactylographié Les mentions PO (par ordre) et PP (par procuration) engagent la responsabilité de la personne à la place de laquelle on signe.

le type d'entreprise

Registre du Commerce RCB

ANNEXES

FORMULES DE DÉBUT

Demande de renseignements : - Veuillez (avoir l'obligeance de) m'indiquer vos conditions de...

Commande :
- Suite à notre conversation téléphonique, je vous confirme la commande...
- Veuillez nous faire parvenir...

Réponse à une commande :
une réservation :
une lettre :
- Nous accusons réception de votre commande / de votre lettre du...
- Conformément à votre télex / fax, nous avons pu vous réserver...
- En réponse à votre lettre du... courant, nous sommes heureux de... / nous vous confirmons...
- Nous vous remercions de nous avoir contacté pour...

Impayé :
- Nous avons le regret de vous retourner, impayée, la traite ci-jointe.
- Nous constatons, avec regret, que votre facture du... est restée impayée.

Excuses :
- Nous regrettons de / Nous avons le regret de ne pouvoir...
  ... donner suite à votre commande.
  ... vous fournir les renseignements que vous demandez.

Envoi d'un chèque :
- Veuillez trouver ci-joint un chèque d'un montant de... F, correspondant à la facture n°...

Avis d'expédition :
- Nous vous expédions ce jour les articles faisant l'objet de votre commande du... courant.

Problème de transport :
- Lors de la vérification de la livraison de notre commande n°..., nous avons constaté que...

CONCLUSIONS

- Dans l'attente de...
- Je me tiens à votre entière disposition pour tout renseignement supplémentaire et...
- Nous restons à votre disposition et...
- En vous remerciant d'une réponse rapide, nous vous prions d'agréer, Monsieur, l'expression de nos sentiments distingués.

- En vous souhaitant...
- En vous remerciant par avance,...
- Avec le regret de...
- Nous espérons que vous voudrez bien nous faire parvenir cette somme dans les plus brefs délais.
- Nous vous remercions de votre ordre et...

> **À savoir**
>
> Parfois, la conclusion et la formule de politesse ne forment qu'une seule phrase.

FORMULES DE POLITESSE

Formules standard :

- Je vous prie   d'agréer,   Monsieur / Madame / Messieurs [l'expression de] mes / nos salutations distinguées
- Nous vous prions d'accepter,   sentiments distingués
- Veuillez   recevoir,   sentiments les meilleurs
                                                                                              (amical)

> **À savoir**
>
> 1) L'adjectif *distingué* peut être remplacé par *dévoué* lorsqu'on écrit à un client, ou par *respectueux* lorsqu'on s'adresse à un supérieur ou lorsqu'un homme écrit à une femme.
> 2) Par convention, une femme ne présente pas ses sentiments à un homme ; elle adresse ses « salutations ».
> 3) La formule Agréez/Recevez, Monsieur/Madame..., mes salutations, *ne s'utilise que lorsque la relation entre les correspondants n'est pas cordiale.*

Pour le TELEX ou le FAX :
- Salutations.   - Sincères salutations.   - Sincèrement vôtre.

AU TÉLÉPHONE !

APPELER

S'identifier

Allô ?
Ici ... *Prénom, nom, fonction*
Etablissements ...
la Société ...

Demander

Je suis bien au (n°) ?
Est-ce que ... est là ?
Pourrais-je parler à ..., SVP ?
Pouvez-vous me passer ..., SVP ?
Je voudrais parler à ...

Laisser un message

Dites-lui que X a appelé et...
    - que je rappellerai
    - qu'il / elle me rappelle
Demandez-lui de me rappeler sans faute au (n°)
Rappelez-lui que ...

Remercier

Je vous remercie beaucoup / infiniment.
C'est très gentil / aimable (à vous) !
Merci beaucoup ! Merci vien !

RÉPONDRE

Allô !
Etablissements ... j'écoute
Société ... bonjour

Passer la communication

De la part de qui (SVP) ?
Je vous le passe.

Faire patienter

Un instant, SVP, je vais voir si je peux vous la / le passer.
Ne quittez pas, SVP.
Ne raccrochez pas !
Restez en ligne, SVP, je vais voir si elle / il est là.

Filtrer les appels / interlocuteur absent

Je regrette, elle/il est absent(e) / en réunion.
Sa ligne est occupée.
Voulez-vous laisser un message ?
Veuillez rappeler plus tard.
Pouvez-vous rappeler dans ... ?

Faire répéter

Pardon ? Vous avez dit ... ?
Excusez-moi, je n'ai pas bien compris / entendu.
Je vous entends (très) mal.
Pouvez-vous parler plus fort / moins vite ?
Pourriez-vous répéter / épeler ?

Prendre congé

Au revoir, Madame / Monsieur.
À bientôt.
À demain / À la semaine prochaine ...

En cas d'erreur !

Excusez-moi !
Veuillez m'excuser !
Je suis désolé(e) de vous avoir dérangé(e).

Je regrette, c'est une erreur !
Vous faites erreur !
Vous vous êtes trompé(e) de numéro.
Je regrette, ce n'est pas ce numéro.

ÉPELER AU TÉLÉPHONE

Les mots s'épellent généralement à l'aide de prénoms dont voici la liste officielle :

A : Anatole	**F** : François	**K** : Kléber	**O** : Oscar	**S** : Suzanne	**W** : William
B : Berthe	**G** : Gaston	**L** : Louis	**P** : Pierre	**T** : Thérèse	**X** : Xavier
C : Célestin	**H** : Henri	**M** : Marcel	**Q** : Quintal	**U** : Ursule	**Y** : Yvonne
D : Désiré	**I** : Irma	**N** : Nicolas	**R** : Raoul	**V** : Victor	**Z** : Zoé
E : Eugène	**J** : Joseph				

Pour éviter toute confusion, les chiffres s'énoncent :

Un : un tout seul	**Huit** : deux fois quatre	**Treize** : six et sept
Six : deux fois trois	**Neuf** : cinq et quatre	**Seize** : deux fois huit
Sept : quatre et trois	**Dix** : deux fois cinq	**Vingt** : deux fois dix

ANNEXES

Sigles et abréviations

AFNOR	Association française de normalisation
ANPE	Agence nationale pour 'emploi
ASSEDIC	Association pour l'emploi dans l'industrie et le commerce
Av.	Avenue
Bd.	Boulevard
BIC	Bénéfice industriel et commercial
BNC	Bénéfice non commercial
BNP	Banque Nationale de Paris
BPF	Bon pour francs
BP	Boîte postale
BTP	Bâtiment travaux publics
BTS	Brevet de technicien supérieur
CA	Chiffre d'affaires
CAP	Certificat d'aptitude professionnelle
CCI	Chambre de commerce et d'industrie
CCIP	Chambre de commerce et d'industrie de Paris
CCP	Compte-chèque postal (ou centre de chèques postaux)
CDD	Contrat à durée déterminée
CDI	Contrat à durée indéterminée
CFDT	Confédération française démocratique du travail
CV	Curriculum vitae
DAU	Document administratif unique
DOM	Département d'Outre-Mer
Dr.	Docteur
EDF	Électricité de France
Ets	Établissements
EURL	Entreprise unipersonnelle à responsabilité limitée
F	Franc
FCP	Fonds commun de placement
HT	Hors taxes
INSEE	Institut national des statistiques et des études économiques
IRPP	Impôt sur le revenu des personnes physiques
IUP	Institut Universitaire professionnalisé
IUT	Institut Universitaire de Techonologie
M.	Monsieur
Mlle	Mademoiselle
Mlles	Mesdemoiselles
MM.	Messieurs
Mme	Madame
Mmes	Mesdames
N/Réf.	Nos références
NF	Norme française
P-DG	Président-Directeur Général
PJ	Pièce jointe
PME	Petite et moyenne entreprise
PMI	Petite et moyenne industrie
PS	Post-scriptum
PVD	Pays en voie de développement
RC	Registre de commerce
Réf.	Référence
RER	Réseau express régional
RH	Ressources Humaines
RIB	Relevé d'identité bancaire
RSVP	Répondez s'il vous plaît
SA	Société anonyme
SARL	Société à responsabilité limitée
SCI	Société civile immobilière
SCP	Société civile professionnelle
SERNAM	Service national des Messageries
SICAV	Société d'investissement à capital variable
SMIC	Salaire minimum interprofessionnel de croissance
SNC	Société en nom collectif
SNCF	Société nationale des chemins de fer français
Sté	Société
SVP	S'il vous plaît
Tél.	Téléphone
TGV	Train à grande vitesse
TOM	Territoire d'Outre-Mer
TTC	Toutes taxes comprises
TVA	Taxe sur la valeur ajoutée
UE	Union Européenne
V/Réf.	Vos références
VPC	Vente par correspondance
VRP	Voyageur représentant placier
ZI	Zone industrielle

Lexique

A

accès	Zugang	access	acceso	accesso
accord	Abkommen	agreement	acuerdo	accordo
accuser réception	den Empfang bestätigen	to acknowledge receipt	acusar recibo	accusare ricevuta
achat	Kauf	purchase	compra	acquisito
acheter	kaufen	to buy	comprar	comprare, acquistare
acompte	Anzahlung	advance	anticipo	anticipo, acconto
acquérir	erwerben	to purchase	adquirir, comprar	acquistare
acquisition	Erwerb	acquisition	adquisición	acquisizione, acquisto
actif	Aktiv	assets	activo	attivo
action	Aktie	share	acción	azione
actionnaire	Aktionär	shareholder	accionista	azionista
adresse	Adresse	address	dirección	indirizzo
adresser (s')	sich wenden an	to go and see, apply to	dirigir (se) a	rivolgersi
affaire(s)	Geschäft	business	negocio(s)	affare/i
agence	Agentur	office, agency	agencia	agenzia
agios	Agios, Zinsen	bank charges	agios, intereses	interessi passivi
allocation	Finanzielle Unterstützung	allowance, benefit	subsidio	sussidio
amélioration	Verbesserung	improvement	mejora	miglioramento
améliorer	verbessern	to improve	mejorar	migliorare
appareil	Apparat	device, appliance	aparato	apparecchio
appel	Anruf	call	llamada	chiamata
appel d'offres	Ausschreibung	invitation to tender	licitación	gara d'appalto
apport	Beteiligung, Einlage	transfer (of capital)	aportación, aporte	apporto
apprentissage	Lehre	apprenticeship	aprendizaje	apprendistato
après-vente	Kundendienst	after-sales service	(servicio) postventa	post-vendita
approbation	Zustimmung	approval	aprobación	approvazione
approuver	zustimmen	to approve	aprobar	approvare
assiette	Bemessungs-grundlage	tax base	base imponible	base imponibile
association	Vereinigung	association	asociación	associazione
associé	Gesellschafter	associate	socio	socio
assurance	Versicherung	insurance	seguro	assicurazione
assureur	Versicherungskaufmann	insurance agent	agente de seguros	assicuratore
atout	Vorteil	asset, trump	baza	«atout»
atteindre	erreichen	to reach	alcanzar	raggiungere
au comptant	in bar	in cash	al contado	in contanti
augmentation	Erhöhung	increase	aumento	aumento
autorisation	Genehmigung	permission	permiso, autorización	autorizzazione
avancement	Aufstieg	promotion	promoción, ascenso	promozione
avantage	Vorteil	advantage	ventaja	vantaggio
avenant	Nachtrag	endorsement	cláusula adicional	clausola addizionale

B

baisse	Rückgang	drop	baja	ribasso, calo
bail	Mietvertrag	lease	arrendamiento	contratto d'affitto
balance commerciale	Handelsbilanz	balance of trade	balanza comercial	bilancia commerciale
banque	Bank	bank	banco, banca	banca
banqueroute	Bankrott	bankrupcy	bancarrota	bancarotta
bas de gamme	niedriger Qualität	downmarket	de baja calidad	di bassa qualità
base de données	Datenbank	data base	base de datos	banca dati
bénéfice	Gewinn	profit	beneficio	profitto
besoin	Bedarf	need	necesidad	bisogno
bilan	Bilanz	balance sheet	balance	bilancio
billet	Schein	note	billete	banconota
Bourse	Börse	Stock Exchange	Bolsa	Borsa
brevet	Patent	patent	patente	brevetto
brochure	Broschüre	brochure	folleto	opuscolo
budget	Budget	budget	presupuesto	budget, bilancio preventivo

C

cadre	leitender Angestellter	executive	ejecutivo, mando	quadro
cahier des charges	Bedingungsverzeichnis	specifications	pliegue de condiciones	capitolato d'oneri

LEXIQUE

caisse	Kasse	cash, till	caja	cassa
calcul	Rechnung	calculation	cálculo	calcolo
calculer	rechnen	to calculate	cálcular	calcolare
campagne	Kampagne	campaign	campaña	campagna
candidat	Bewerber	candidate	candidato	candidato
capital/-taux	Kapital	capital	capital	capitale
carte (de crédit)	Kreditkarte	(credit) card	tarjeta (de crédito)	carta (di credito)
certificat d'origine	Herkunft nachweis	certificate of origin	certificado de origen	certificato d'origine
cession	Verkauf, Übergabe	transfer	traspaso	cessione
chaîne	Kette	assembly line	cadena	catena
change	Wechsel	exchange	cambio	cambio
chèque	Scheck	cheque	talón - cheque	assegno
chiffres d'affaires	Umsatz	turnover	volumen de negocios	volume d'affari
choisir	wählen	to choose	elegir - escoger	scegliere
choix	Auswahl	choice	elección	scelta
chômage	Arbeitslosigkeit	unemployment	paro, desempleo	disoccupazione
chômeur	Arbeitsloser	unemployed person	parado	disoccupato
chute	Sturz, Fall	drop	caída	calo
cible	Zielgruppe	target	meta	bersaglio
ci-joint	anbei	enclosed	adjunto	qui allegato
clause	Klausel	clause	claúsula	clausola
clavier	Tastatur	keyboard	teclado	tastiera
client	Kunde	customer, client	cliente	cliente
colis	Paket	parcel	paquete	pacco, collo
commande	Bestellung	order	pedido	ordine
commander	bestellen	to order	pedir, hacer un pedido	ordinare
commerçant	Kaufmann	shopkeeper	comerciante	commerciante
commerce	Handel	trade, business	comercio	commercio
commission	Kommission	commission	comisión	commissione
communication	Gespräch, Nachricht	message, communication	comunicación	comunicazione
compagnie	Gesellschaft	company	campañía	compagnia
compétitif	wettbewerbsfähig	competitive	competitivo	competitivo
compétitivité	Wettbewerbsfähigkeit	competitiveness	competitividad	competitività
comptabilité	Buchhaltung	accounting	contabilidad	contabilità
comptable	Buchhalter	accountant	contable	contabile
compte	Konto	account	cuenta	conto
compte courant	Girokonto	current account	cuenta corriente	conto corrente
conclure	abschließen	to conclude	concluir, finalizar	concludere
concurrence	Konkurrenz	competition	competencia	concorrenza
concurrent	Konkurrent	competitor	competidor	concorrente
condition	Bedingung	condition	condición	condizione
conditionnement	Verpackung	packaging	embalaje	imballaggio, imballo
conflit	Konflikt	conflict	conflicto	conflitto
congé	Beurlaubung	notice, leave	licencia, baja	congedo
connaissance	Konossement	bill of lading	conocimiento	polizza di carico
conseil	Rat	advice	asesoramiento	consiglio
conseiller	Berater	adviser	asesor	consigliere
consentir	zustimmen	to agree, grant	consentir	consentire
consommateur	Verbraucher	consumer	consumidor	consumatore
consommation	Verbrauch	consumption	consumo	consumo
contact	Kontakt	contact	contacto	contatto
contentieux	Streit	dispute	contencioso	contenzioso
contrat	Vertrag	contract	contrato	contratto
contrefaçon	Fälschung	forgery	falsificación	falsificazione
contribuable	Steuerzahler	taxpayer	contribuyente	contribuente
coopération	Zusammenarbeit	cooperation	cooperación	cooperazione
coordonnées	Personalien	address and phone n°	datos personales	dati, estremi
cote	Kursnotierung	quotation	cotización	quota
cotisation	Beitrag	contribution	cotización	contributo
courrier	Post	mail	correo	corrispondenza
cours	Kurs	price	curso, cotización	corso, quotazione
courtier	Makler	agent, broker	agente, corredor	agente
coût	Kosten	cost	coste, costo	costo

LEXIQUE

coûter	kosten	to cost	costar	costare
coûteux	kostspielig	expensive	costoso	costoso
créancier	Gläubiger	creditor	acreedor	creditore
création	Schaffung	creation	creación	creazione
crédit	Kredit	credit	crédito	credito
créer	schaffen	to create	crear	creare
créneau	Marktsegment	market segment	segmento de mercado	nicchia
croissance	Wachstum	growth	crecimiento	crescita

D

date d'échéance	Fälligkeitsdatum	due date	fecha de vencimiento	data di scadenza
débiteur	Schuldner	debtor	deudor	debitore
débouché	Abatzmarkt	outlet, opening	salida	sbocco
décision	Entscheidung	decision	decisión	decisione
décharge	Entlastung	discharge	descarga	scarico
découvert	Kontoüberziehung	overdraft	descubierto	scoperto
déduction	Abzug	deduction	deducción	deduzione
déduire	abziehen	to deduce	deducir	dedurre
défi	Herausforderung	challenge	reto, desafío	sfida
déficit	Defizit	deficit	deficit	deficit
dégât(s)	Schaden	damage	daño(s)	danno
délai	Frist	time limit, deadline	plazo	scadenza
délégation	Delegation, Zweigstelle	delegation	delegación	delegazione
demande	Antrag	demand, request	demanda	domanda
démarche	Vorgehen	approach, step	gestión, trámite	pratica
dépasser	überschreiten	to exceed	superar	superare
dépense	Ausgabe	expenditure	gasto	spesa
déplacement	Reise, Bewegung	movement, travel	desplazamiento	spostamento
dépôt de bilan	Konkurs Anmeldung	bankrupcy	suspensión de pagos	fallimento
dépouiller	auswerten	to analyse	vaciar	fare lo spoglio
destinataire	Adressat	addressee, consignee	destinatario	destinatario
détaillant	Einzelhändler	retailer	minorista	dettagliante
dette	Schulden	debt	deuda	debito
développement	Entwicklung	development	desarrollo	sviluppo
développer	entwickeln	to develop	desarrollar	sviluppare
devis	Kostenvoranschlag	estimate	presupuesto	preventivo
diminution	Verminderung	reduction	disminución	diminuzione
directeur	Direktor	manager, director	director	direttore
diriger	Direktion leiten	to manage	dirigir	dirigere
disque	Hartplatte	disk	disco	disco
disquette	Diskette	diskette	disquet	dischetto
distributeur	Verteiler	distributor	distribuidor	distributore
distributeur automatique	Geldautomat	cash dispenser	cajero automático	sportello automatico
dividende	Dividende	dividend	dividendo	dividendo
dommages et intérêts	Schadenersatz	damages	daños y perjuicios	danni (risarcimento dei)
données	Daten	data	datos	dati
dossier	Akte	file	dossier, expediente	dossier
douane	Zoll	customs	aduana	dogana
droit	Recht	law, right	derecho	diritto

E

échange	Austausch	exchange	intercambio	scambio
échantillon	Probe, Muster	sample	muestra	campione
échantillonnage	Mustersammlung	sampling	muestreo	campionario
échéance	Fälligkeit	maturity date, settlement	vencimiento	scadenza
échec	Mißerfolg	failure	fracaso	insuccesso, faltimento
économie	Wirtschaft	economics	economía, ahorro	economia, risparmio
écran	Bildschirm	screen	pantalla	schermo
effectuer	durchführen, machen	to carry out	efectuar	effettuare
effet de commerce	Handelspapier	bill of exchange	efecto de comercio	effetto, titolo
emballage	Verpackung	packing	embalaje	imballaggio, imballo
emploi	Stelle, Job	job, employment	empleo	impiego

LEXIQUE

employé	Angestellter	employee	empleado	impiegato
emprunt	Anleihe	loan	préstamo	prestito
emprunter	leihen	to borrow	pedir prestado	prendere a prestito
endettement	Verschuldung	indebtedness	endeudamiento	indebitamento
endetter (s')	sich verschulden	to get into debt	endeudar(se)	indebitarsi
endommager	beschädigen	to damage	dañar	danneggiare
enjeu	Einsatz	stake	envite	posta in gioco
ensemble	Einheit, Gesamtheit	whole, group	conjunto	insieme
entrepôt	Lagerhaus	ware house	almacén, depósito	deposito
entrepreneur	Unternehmer	entrepreneur	empresario	imprenditore
entreprise	Unternehmen	firm	empresa	ditta, impresa
entretien (1)	Gespräch	interview	conversación, entrevista	colloquio
entretien (2)	Wartung	maintenance	mantenimiento	manutenzione
environnement (1)	Umgebung	environment	entorno, medio ambiente	ambiente
environnement (2)	Umwelt	environment	medio ambiente	ambiente
envoi	Sendung	shipment, consignment	envío	invio
épargne	Ersparnis	savings	ahorro	risparmio
erreur	Irrtum	mistake	error	errore
escompte	Skonto	discount	descuento	sconto
espèces (en)	bar (in)	cash (in)	metálico (en), en efectivo	in/per contanti
estimation	Schätzung	appraisal	valoración	valutazione
établir	aufstellen, errichten	to set up	establecer	stabilire
établissement	Geschäft, Laden	establishment	establecimiento, tienda	stabilimento
étude de marché	Marktstudie	market research	estudio de mercado	inchiesta di mercato
excédent	Überschuß	surplus, excess	excedente	eccedente
excuser (s')	sich entschuldigen	to apologize	disculpar (se)	scusarsi
exécuter	ausführen	to carry out	ejecutar	eseguire
exécution	Ausführung	execution	ejecución	esecuzione
exercice	Geschäftsjahr	financial year	ejercicio	esercizio
expert	Experte, Fachmann	expert	périto, experto	esperto
expertise	Begutachtung	expert appraisal	peritaje	perizia
exportateur (adj.)	exportierend, export-	export, -ing	exportador	esportatore
exportateur (subst.)	Exporteur	exporter	exportador	esportatore
exporter	exportieren	to export	exportar	esportare

F

fabricant	Hersteller	manufacturer	fabricante	fabbricante
fabrication	Herstellung	manufacture	fabricación	fabbricazione
facturation	Rechnungsschreibung	invoicing	facturación	fatturazione, fatturato
facture	Rechnung	invoice	factura	fattura
facturer	in Rechnung stellen	to invoice	facturar	fatturare
faillite	Konkurs	bankrupcy	quiebra	fallimento
fermeture	Schließung	closure	cierre	chiusura
finance	Finanzwesen	finance	finanza	finanza
financer	finanzieren	to finance	financiar	finanziare
financier	finanziell	financier	financiero	finanziario
firme	Firma	firm	firma	ditta
foire, exposition	Messe, Ausstellung	trade fair	feria de muestras	fiera, mostra
fonds	Fondo	assets, funds	fondos	fondo/i
fournir	liefern	to supply	proveer	fornire
fournisseur	Zulieferer	supplier	proveedor	fornitore
frais	Unkosten	expenses	gastos	spese
franchise	Freibetrag	exemption, franchise	franquicia	franchigia
franco de port	Fracht frei	carriage paid	franco de porte	franco di porto
fret	Fracht	freight	flete	nolo

G

gain	Gewinn	earnings, gains	ganancia	guadagno
gamme	Produktpalette	range	gama	gamma
gaspillage	Verschwendung	waste	derroche	spreco
gérant	Geschäftsführer	manager	gerente	gestore
gérer	führen, leiten	to manage	administrar	gestire
gestion	Verwaltung	management	gestión	gestione
grande surface	Ladenhalle	superstore	gran superficie	grande superficie
grands magasins	Kaufhaus	department store	grandes alamacenes	grandi magazzini

LEXIQUE

gratuit	kostenlos	free	gratuito	gratuito
grève	Streik	strike	huelga	sciopero
grossiste	Großhändler	wholesaler	mayorista	grossista
groupe	Gruppe	group	grupo	gruppo
guichet	Schalter	counter, window	ventanilla	sportello

H

hausse	Ansteigen	rise, increase	alza	aumento
haut de gamme	beste Qualität	upmarket	de alta calidad	di alta qualità
heures supplémentaires	Überstunden	overtime	horas extras	straordinari
horaire	Zeitplan	timetable	horario	orario
honorer	bezahlen	to pay	pagar	pagare
hypermarché	Großmarkethalle	hypermarket	hipermercado	ipermercato

I

implanter	ansiedeln	to set up	implantar	impiantare
importateur (adj.)	importierend, import-	import, -ing	importador	importatore
importateur (subst.)	Importeur	importer	importador	importatore
importation	Import	importation	importación	importazione
importer	importieren	to import	importar	importare
impôt	Steuer	tax	impuesto	tassa
imprimante	Drucker	printer	impresora	stampante
indemnisation	Schadensersatzleistung	indemnification	indemnización	risarcimento
indemniser	entschädigen	to compensate	indemnizar	risarcire
indemnité	Entschädigung, Zulage	compensation, benefit	indemnidad, dieta	indennità
indice	Index	index	índice	indice
industrie	Industrie	industry	indústria	industria
industriel (adj.)	industriell	industrial	industrial	industriale
industriel (subst.)	Unternehmer	manufacturer	industrial	industriale
inflation	Inflation	inflation	inflacion	inflazione
information	Information	information	información	informazione
informer	informieren	to inform	informar	informare
innovation	Neuerung	innovation	innovación	innovazione
intéresser	interessieren	to interest	interesar	interessare
intérêt	Interesse, Zinsen	interest	interés	interesse
interface	Interface	interface	interface	interfaccia
investir	investieren	to invest	invertir	investire
investissement	Investition	investment	inversión	investimento

L

lancement	Einführung	launch	lanzamiento	lancio
lancer	einführen	to launch	lanzar, emitir	lanciare
lettre de change	Wechsel Brief	bill of exchange	letra de cambio	cambiale
lettre de transport	Speditions Brief	way bill	carta de porte	lettera di vettura
licenciement	Entlassung	dismissal	despido	licenziamento
licencier	entlassen	to dismiss	despedir	licenziare
limitation	Begrenzung	limitation	limitaci,n	limitazione
limiter	begrenzen	to limit	limitar	limitare
livraison	Lieferung	delivery	entrega	consegna
livrer	liefern	to deliver	entregar	consegnare
logiciel	Software	software	programa, software	software, programma

M

magasin (1)	Lager	store, warehouse	almacén	magazzino
magasin (2)	Geschäft	shop	tienda	negozio
main-d'œuvre	Arbeitskraft	manpower	mano de obra	manodopera
mandat	Postanweisung	money order	giro postal	vaglia
manutention	Transportarbeit	handling	manipulación	manipolazione
marchandise	Ware	goods	mercancía	merce
marché	Markt	market	mercado	mercato
marge	Spanne	margin	margen	utile, margine di profitto
marque	Marke	brand	marca	marca, marchio
matériel	Material	equipment	material	materiale
mettre en demeure	anmahnen	to give notice	requerir	ingiungere
mise en service	Inbetriebsetzung	putting into service	puesta en servicio	messa in servizio

LEXIQUE

mise au point	Richtigstellung	adjustment	puesta a punto	messa a punto
monétaire	monetär	monetary	monetario	monetario
monnaie	Währung	currency	moneda	moneta
monnaie (pièces)	Kleingeld, Wechsel	small change	cambio	spiccioli
montant	Betrag, Höhe	amount	importe	importo, ammontare
montée	Anstieg	rise	subida	salita
moyen (subst.)	Mittel	means	medio	mezzo
moyen/ne (adj.)	mittel, durchschnittlich	average	medio/a	medio/a
moyenne (subst.)	Durchschnitt	average	media	media

N

négoce	Geschäft	trade, trading	negocio	commercio
négocier	verhandeln	to negotiate	negociar	negoziare

O

objectif	Ziel	objective	objetivo	obiettivo
objet	Objekt, Betreff	object	objeto	oggetto
obligation	Verpflichtung	bond	obligación	obbligatzione, obbligo
offre	Angebot	offer	oferta	offerta
offrir	anbieten	to offer	ofrecer	offrire
opération	Transaktion	operation, transaction	operación	operazione
ordinateur	Computer	computer	ordenador	computer
ordre	Befehl	order	orden	ordine
ordre = commande	Bestellung	order	pedido	ordine
(à l')ordre de	zahlbar an	payable to	a favor de, a la orden de	a favore di
ouverture	Eröffnung	opening	apertura	apertura

P

paiement	Zahlung	payment	pago	pagamento
partenaire	Partner	partner	socio	socio
participation	Beteiligung	participation	participación	partecipazione
participer	teilnehmen an	to take part	participar	partecipare
parvenir	gelangen	to reach	alcanzar, llegar a	pervenire
passif	Passiv	liabilities	pasivo	passivo
payer	bezahlen	to pay	pagar	pagare
pénurie	Mangel, Not	scarcity	escasez, penuria	penuria
personnel	Personal	staff	plantilla, personal	personale
perspective	Perspektive	prospect	perspectiva	prospettiva
perte	Verlust	loss	pérdida	perdita
placement	Anlage	investment	inversión	investimento
placer (investir)	anlegen	to invest	invertir	investire
placer (poser)	legen, setzen, stellen	to put	colocar	collocare, sistemare
police d'assurance	Versicherungspolice	insurance policy	póliza de seguro	polizza d'assicurazione
polluer	verschmutzen	to pollute	contaminar	inquinare
pollution	Umweltverschmutzung	pollution	contaminación	inquinamento
port dû (en)	unfrei	carriage to pay	porte debido	porto assegnato
port payé (en)	frei Haus	carriage paid	porte pagado	porto a carico del mittente
préjudice	Schaden	prejudice, damage	perjuicio	danno
prélever	erheben	to deduct, draw out	retener	prelevare
président	Präsident	chairman	presidente	presidente
prêt	Darlehen	loan	préstamo	prestito, mutuo
prêter	leihen	to lend	prestar	prestare
prévision	Voraussage	forecast	previsión	previsione
prévoir	voraussehen	to anticipate	prever	prevedere
prime	Prämie	bonus, premium	prima, bonificación	premio
privatisation	Privatisierung	privatization	privatización	privatizzazione
prix	Preis	price	precio	prezzo
procédé	Verfahren	procedure	procedimiento	procedura
processus	Prozess	process	proceso	processo
production	Produktion	production	producción	produzione
produire	produzieren	to produce	producir	produrre
produit	Produkt	product	producto	prodotto
programme	Programm	programme	programa	programma
progrès	Fortschritt	progress	progreso	progresso
progression	Progression	progression	progresión	progressione

LEXIQUE

projet	Projekt	project	proyecto	progetto
promotion (1)	Förderung	promotion	promoción	promozione
promotion (2)	Beförderung	promotion	ascenso	promozione
promouvoir	fördern	to promote	promover, ascender	promuovere
propriété	Eigentum	property	propiedad	proprietà
provision	Vorrat, Rückstellung	stock, provisions	provisión	scorta
publicité	Werbung	advertising	publicidad	pubblicità

Q

qualité	Qualität	quality	calidad	qualità
quota	Quote	quota	cuota	quota

R

rabais	Rabatt	reduction	descuento	ribasso, sconto
rapport (1)	Bericht	report	informe	rapporto
rapport (2)	Verhältnis	relationship	relación	rapporto
réception	Empfang	reception	recepción	ricevimento
recherche	Forschung	research	investigación	ricerca
réclamation	Reklamation	complaint	reclamación	reclamo
reçu	Quittung	receipt	recibo	ricevuta
recul	Rückgang	decline	retroceso	retrocessione
redressement	Nachzahlung	recovery	recuperación	risanamento
réduction	Verminderung	reduction	reducción	riduzione
réduire	vermindern	to reduce	reducir	ridurre
refuser	ablehnen	to refuse	rechazar	rifiutare
règlement	Begleichung	settlement	pago	pagamento
règlement judiciaire	Vergleichsverfahren	liquidation	suspensión de pagos	liquidazione giudiziaria
régler	regeln, bezahlen	to settle, to pay	arreglar, pagar	regolare, pagare
regrouper	umgruppieren	to group together	reagrupar	raggruppare
relation	Beziehung	relationship	relación	relazione, rapporto
relevé (de compte)	Kontoauszug	bank statement	extracto de cuenta	estratto conto
remboursement	Rückzahlung	refund	reintegro	rimborso
rembourser	zurückzahlen	to refund	rembolsar/reembolsar	rimborsare
remercier	danken	to thank	agradecer	ringraziare
remise	Rabatt	discount	descuento	sconto
rentabilité	Rentabilität	profitability	rentabilidad	redditività
rentable	rentabel	profitable	rentable	redditizio
rente	Rente	private income, pension	renta	rendita
réparation (1)	Reparatur	repair	reparación	riparazione
réparation (2)	Wiedergutmachung	compensation	compensación	compensazione, compenso
report	Aufschub	postponement	aplazamiento	rinvio
représentant	Vertreter	representative	representante	rappresentante
reprise	Rücknahme	recovery, resumption	reactivación	ripresa, ripristino
réseau	Netz	network	red	rete
réserve	Reserve	reserve	reserva	riserva
résidus	Rest	remnants	residuos	residui
résilier	kündigen	to cancel	rescindir	rescindere
responsable (adj.)	verantwortlich	responsible	responsable	responsabile
responsable (subst.)	Verantwortlicher	person in charge	responsable	responsabile incaricato
ressource(s)	Mittel, Quelle	resources	recurso(s)	risorsa/e
ressources humaines	Personalwesen	human resources	recursos humanos	risorse umane
résultat	Ergebnis	result	resultado	risultato
retenue	Abzug	deduction	retención	ritenuta
retrait	Abhebung	withdrawal	reintegro	ritiro
retraite	Pension	retirement, pension	jubilación	pensione
réussir	gelingen	to succeed	lograr	riuscire
réussite	Erfolg	success	logro, éxito	riuscita, successo
revenu	Einkommen	income	renta	reddito
richesse	Reichtum	wealth	riqueza	ricchezza
risque	Risiko	risk	riesgo	rischio
ristourne	Rückvergütung	rebate, refund	bonificación	sconto, storno

LEXIQUE

S

saisie	Erfassung	data entry	entrada de datos	acquisizione dati
salarié	Arbeitnehmer	employee	asalariado	dipendente
satisfaire	befriedigen	to satisfy	satisfacer	soddisfare
secteur	Sektor	sector	sector	settore
serveur	Anbieter	server	servidor	servitore
service	Service	service	servicio	servizio
siège (social)	Sitz (Haupt-)	head office	sede (social)	sede
sinistre	Schaden	accident	siniestro	sinistro, danno
société	Gesellschaft	company	sociedad	società
solution	Lösung	solution	solución	soluzione
somme	Summe	sum	cantidad	somma
sommet	Gipfel	summit	cumbre	vertice
sondage	Umfrage	(opinion) poll	sondeo	sondaggio
souris	Maus	mouse	ratón	mouse
sous-traitance	mit Zuliefernarbeit	subcontracting	subcontratación	subappalto
sous-traiter	zuliefern lassen	to subcontract	subcontratar	subappaltare
spécialisation	Spezialisierung	specialization	especialización	specializzazione
spécialiste (adj.)	fachmännisch	specialist	especialista	specialista
spécialiste (subst.)	Fachmann	specialist	especialista	specialista
spécialité	Spezialität	speciality	especialidad	specialità
stage	Ausbildung	training course	cursillo	corso, tiro, cinio
statistique(s)	Statistik	statistics	estadística(s)	statistica
stock	Vonrat	stock	existencias	scorte
subvention	Subvention	subsidy	subvención	sovvenzione
succès	Erfolg	success	éxito	successo
suivi	Kundenbetreuung	follow-up	seguimiento	controllo
supermarché	Supermarkt	supermarket	supermercado	supermercato
syndicat	Gewerkschaft	trade union	sindicato	sindacato

T

tarif	Tarif	tariff	tarifa	tariffa
tarification	Preisfestsetzung	price fixing	tarificación	tariffazione
taux	Satz	rate	tasa	tasso
taux d'intérêt	Zinssatz	interest rate	tasa/tipo de interés	tasso d'interesse
taxe	Steuer	tax	tasa	tassa
taxe à la valeur ajoutée (T.V.A.)	Mehrwertsteuer (MwSt)	value added tax (V.A.T.)	impuesto sobre el valor añadido (I.V.A.)	imposta valore aggiunto (I.V.A.)
téléconférence	Fernkonferenz	conference call	videoconferencia	video-conferenza
témoin	Zeuge	witness	testigo	testimone
terme	Laufzeit	time, term	plazo, término	termine
tiers	Dritter	third party	tercero	terzo
titre	Titel	certificate	título	titolo
titulaire	Stelleninhaber	holder	titular	titolare
toucher	einkassieren	to receive, to cash	alcanzar, cobrar	riscuotere, interessare
traite	Wechsel	draft	letra (de cambio)	tratta
transaction	Transaktion	transaction	transacción	transazione
travail	Arbeit	work	trabajo	lavoro
trésorerie	Geldbestand	funds	tesorería	tesoreria
tribut	Tribut, Maut	tribute	tributo	tributo

U

usine	Fabrik	factory	fábrica	fabbrica
utilisation	Benutzung	use	uso	uso

V

vendeur	Verkäufer	salesman	vendedor	venditore
vendre	verkaufen	to sell	vender	vendere
vente	Verkauf	sale	venta	vendita
versement	Einzahlung	payment	abono/pago	versamento
verser	einzahlen	to pay in	abonar	versare
virement	Überweisung	transfer	transferencia	bonifico, giroconto

Achevé d'imprimer en Italie par G. Canale & C. S.p.A.
Dépôt légal : 2882-12/98 - Collection : 23 - Édition : 02
15/5080/5